진짜진짜 영어일기

캐나다 학교생활 편

KB158458

진짜진짜 **영어일기** 캐나다 학교생활 편

초판발행 2021년 8월 2일

지은이 유현정
그린이 윤영선
엮은이 진혜정, 송지은, 김한나
기획 한동오
펴낸이 엄태상
영문감수 Kirsten March
디자인 공소라
오디오 김현이
마케팅본부 이승욱, 전한나, 왕성석, 노원준, 조인선, 조성민
경영기획 마정인, 최성훈, 정다운, 김다미, 오희연
제작 조성근
물류 정종진, 윤덕현, 양희은, 신승진
펴낸곳 시소스터디
주소 서울시 종로구 자하문로 300 시사빌딩
주문 및 문의 1588-1582
팩스 02-3671-0510
홈페이지 www.sisostudy.com
네이버카페 cafe.naver.com/sisasiso
네이버블로그 blog.naver.com/sisosisa
인스타그램 instagram.com/siso_study
이메일 sisostudy@sisadream.com
등록번호 제2019-000149호
ISBN 979-11-91244-35-9 64740

캐나다 초등학생 앤디의 **영어일기** 엿보기

진짜진짜 영어일기

유현정 지음

캐나다 학교생활 편

siso
study

지은이 유현정

이화여자대학교에서 영어영문학 석사 학위를 받고, 미국 콜롬비아 대학교에서 TESOL 과정을 수료하였습니다.
YBM 어학원, 파고다 어학원에서 영문법과 영작을 가르치는 일을 하였고, 현재는 캐나다 위니펙 대학교 어학연수 기관인
English Language Program 등록 사무실에서 근무하며 책을 쓰고 있습니다.

대표 저서로《거의 모든 숫자 표현의 영어》,《초등 영어 표현력 사전》,《한 권으로 끝내는 초등 영단어 따라쓰기》,
《힘내라, 영어 말하기 첫걸음》 등이 있습니다.

머리말

영어 표현력이 쑥쑥 자라는 영어 글쓰기!!
사고를 확장하는 영어일기로 자신 있게 써 보세요!

안녕하세요, 어린이 여러분.

여러분은 일기를 매일 쓰고 있나요? 미국과 캐나다에서는 만 4세부터 일기 쓰는 시간을 가져요. 처음에는 그림 일기와 함께 짧은 문장을 쓰는 것으로 시작해서 초등학교 3학년까지 점차 긴 글을 쓸 수 있도록 연습합니다. 일상을 적는 일기뿐만 아니라 짧은 에세이, 그리고 나의 의견을 쓰는 글까지 점점 다양한 글을 쓰게 되는데, 이런 다양한 글쓰기는 우리의 사고력을 쑥쑥 키워 준답니다. 그리고 모든 글쓰기의 시작이 바로 일기(journal 저널) 쓰기예요.

이 책에 나오는 모든 일기의 주제는 미국이나 캐나다의 초등학교 학생들의 일상생활과 학교에서 배우는 것들로 이루어져 있어요. 실제 저희 큰 딸이 학교에서 쓴 일기도 많이 들어가 있답니다. 하루에 두 장씩 눈과 귀로 읽고, 입으로 소리 내어 말하며 손으로 직접 써 보세요. 새로운 단어와 패턴 연습을 통해 영어 글쓰기를 공부하고, 그걸 바탕으로 자신의 글을 써 볼 거예요. 처음에는 따라 쓰기부터 시작해도 괜찮아요. 거기에 조금씩 살을 붙이고 본인의 문장으로 늘려가면 돼요. 매일 꾸준히 영어일기를 쓰다 보면 분명 어느새 읽기, 듣기, 말하기, 쓰기 능력이 향상되어 있을 거예요.

여러분이 영어로 글을 쓰고 사고하는 능력을 확장하는 데 이 책이 도움이 되었으면 해요. 오늘의 일기를 공부하고, 나의 생각을 묻는 세 가지 질문에 대답을 적어 보세요. 대답들을 모으면 어렵지 않게 나만의 글을 완성할 수 있답니다.

시소스터디 편집팀과 함께 정성 들여 만든 이 책으로 영어 글쓰기를 공부하는 여러분의 모습과 여러분이 쓴 일기가 아주 기대됩니다. 나중에 저에게 자랑스럽게 보여주세요. 그럼 모두 파이팅!

캐나다 위니펙에서
유현정

구성과 특징

캐나다의 학교생활이 궁금하다면!

《진짜 진짜 영어일기: 캐나다 학교생활 편》은 캐나다에 사는 초등학생 앤디의 일상과 학교생활을 그대로 담은 영어일기입니다. 앤디의 일상을 통해 캐나다의 문화를 배우고, 일기에 자주 쓰이고 실제 캐나다 초등학교에서 배우는 패턴 문장을 익혀요. 매일매일 단어와 패턴을 꾸준히 연습하면 영어 글쓰기 실력이 쑥쑥 자라나 나만의 일기를 완성할 수 있습니다.

패턴 확인하기

QR코드를 찍어 원어민 음성 듣기

영어로 학습한 날짜 쓰기

1단계 ▶ 오늘의 일기 읽기

일기의 배경이 되는 캐나다와 관련된 설명을 읽어요. 일기를 자세히 이해할 수 있게 도울 뿐 아니라 캐나다를 포함한 북미 지역의 일상과 문화를 배울 수 있어요. QR코드를 찍어서 원어민의 음성을 들으며 눈으로 일기를 읽어 보고, 입으로 소리 내어 따라 읽어 보세요. 우리말 해석을 통해 내용을 확인한 후, 하단의 패턴 확인하기 상자에서 일기에 쓰인 패턴 표현을 배우고 일기 속에서 해당 표현들을 찾아봅니다.

2단계 ▶ 단어 익히기

일기에 나오는 주요 단어를 살펴보고 재미있는 활동으로 단어를 익힙니다. QR코드를 찍어 단어를 듣고 따라 읽어 본 후, 단어를 써 보세요. 퍼즐과 그림-단어를 연결하는 활동을 통해 단어를 한 번 더 확인해 보세요.

세 문장 일기 쓰기

1

We must protect our planet.
우리는 우리의 별을 보호해야 한다.

규칙이나 의무 같이 꼭 해야 하는 일을 말할 때는 '~해야 한다'라는 뜻의 조동사 must를 써요. must 뒤에는 항상 동사원형이 와야 해요. 동사원형은 단수와 복수에 따라 바뀌지 않는 동사의 원래 모양을 말해요.

We must _____ wash our hands
우리는 손을 씻어야 한다.

　　　　　　　　　　　　wash our hands
　　　　　　　　　　　　우리의 손을 씻다

We _____
우리는 헬멧을 써야 한다.

　　　　　　　　　　　　wear a helmet
　　　　　　　　　　　　헬멧을 쓰다

_____
우리는 학교에 가야 한다.

　　　　　　　　　　　　go to school
　　　　　　　　　　　　학교에 가다

2

The earth gives us clean air.
지구는 우리에게 깨끗한 공기를 준다.

'~에게 …을 주다'는 동사 give를 사용하는데요, 〈give + (사람)에게 + (사물)을〉의 순서로 쓰여요.

The earth gives us _____ drinking water
지구는 우리에게 식수를 준다.

　　　　　　　　　　　　drinking water
　　　　　　　　　　　　식수

The earth _____
지구는 우리에게 나무를 준다.

　　　　　　　　　　　　trees
　　　　　　　　　　　　나무

_____
지구는 우리에게 채소를 준다.

　　　　　　　　　　　　vegetables
　　　　　　　　　　　　채소

18

환경을 보호하기 위해 우리가 할 수 있는 것을 생각하며 다음 세 가지 질문에 답을 써 보세요.

1 What does the earth give us? 지구는 우리에게 무엇을 주나요?
힌트 water 물　food 음식　grain 곡식　soil 토양　air 공기　trees 나무

The earth gives us _____ .

2 What more does the earth give us? 지구는 우리에게 무엇을 더 주나요?
힌트 water 물　food 음식　grain 곡식　soil 토양　air 공기　trees 나무

The earth gives us _____ .

3 What can we do to protect the earth? 지구를 보호하기 위해 우리는 무엇을 할 수 있나요?
힌트 recycle 재활용하다　save water 물을 절약하다　plant trees 나무를 심다　turn off lights 불을 끄다

We can _____ to protect the earth.

위에서 쓴 세 문장을 연결해서 나만의 일기를 써 보세요.

Day 01 19

교체 표현 갈아 끼우기 ●

생각을 묻는 질문에 대답하기 ●

● 패턴 표현 설명 읽기

● 문장 모아 써 보기

3단계 **패턴 표현 익히기**
앞서 일기 본문에서 보았던 패턴 문장에 대한 자세한 설명을 읽으면서 문장의 형태를 이해한 후, 노란색 구름 모양에 주어진 교체 표현을 활용하여 문장을 완성해 보세요. 패턴의 쓰임을 정확히 이해하고 응용력을 키울 수 있습니다. 문장을 완성한 후에는 QR코드를 찍어 원어민의 음성을 듣고 제대로 영어 글쓰기를 하였는지 확인해 보세요.

4단계 **세 문장 일기 쓰기**
일기 주제와 내용을 다시 한번 떠올리며 나의 생각을 묻는 3가지 질문에 답해 보세요. 힌트를 주는 예시 표현을 활용하여 나만의 멋진 답변을 써 보세요. 영어 표현력이 자라고 글쓰기에 익숙해질 수 있습니다. 질문에 답한 3개의 문장을 쭉 연결해서 쓰면 나만의 멋진 글이 완성됩니다. 멋지게 완성한 영어일기를 큰 소리로 자신 있게 읽어 보세요.

무료 부가 자료
*일기 문장 쓰기 워크시트
네이버 카페 〈시소스터디 공부 클럽〉에서
다운로드하세요!

일기 쓰기 전에 알아야 할 것

 **날짜 쓰는 법**

 우리말 2021년 12월 19일 일요일

 영어 Sunday, December 19, 2021
요일   날짜(월+일)   연도

영어로 날짜를 쓸 때는 **요일 → 날짜(월+일) → 연도** 순서로 씁니다. 우리말과 다르게 작은 단위부터 큰 단위 순으로 쓰기 때문에 순서에 주의하세요.
요일과 월은 항상 **대문자**로 시작하고, 요일, 월+일, 연도 사이에는 **쉼표(,)**를 써요.

요일 Day

일요일	Sunday (Sun.)	목요일	Thursday (Thurs.)
월요일	Monday (Mon.)	금요일	Friday (Fri.)
화요일	Tuesday (Tues.)	토요일	Saturday (Sat.)
수요일	Wednesday (Wed.)		

월 Month

1월	January (Jan.)	5월	May	9월	September (Sept.)
2월	February (Feb.)	6월	June	10월	October (Oct.)
3월	March (Mar.)	7월	July	11월	November (Nov.)
4월	April (Apr.)	8월	August (Aug.)	12월	December (Dec.)

일 Date

1일	first	9일	ninth	17일	seventeenth	25일	twenty-fifth
2일	second	10일	tenth	18일	eighteenth	26일	twenty-sixth
3일	third	11일	eleventh	19일	nineteenth	27일	twenty-seventh
4일	fourth	12일	twelfth	20일	twentieth	28일	twenty-eighth
5일	fifth	13일	thirteenth	21일	twenty-first	29일	twenty-ninth
6일	sixth	14일	fourteenth	22일	twenty-second	30일	thirtieth
7일	seventh	15일	fifteenth	23일	twenty-third	31일	thirty-first
8일	eighth	16일	sixteenth	24일	twenty-fourth		

날짜(일)를 적을 때는 숫자로 많이 쓰지만, 읽을 때는 꼭 서수로 읽어야 해요.

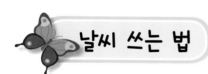

날씨 쓰는 법

Sunday, December 19, <u>Snowy</u>
날씨

날씨는 요일과 날짜를 쓰고 가장 마지막에 써요.

맑은, 화창한	clear, sunny	안개 낀	foggy
따뜻한	warm	시원한, 선선한	cool
더운	hot	추운	cold
바람 부는	windy	비 오는	rainy
흐린	cloudy	눈 오는	snowy

목차

영어일기 학습 계획표

- 즐거운 영어일기 습관을 가질 수 있도록 도와주는 학습 계획표입니다.
- 공부한 날짜를 영어로 쓰고, 학습한 패턴 표현을 체크(✓)하여 스스로 기록해 보세요.

공부한 날	일기 주제	패턴 표현
	Let's Save the Earth 지구를 살리자	☐ We must ☐ The earth gives us
	Show and Share 발표회	☐ It is my turn to ☐ I decided to
	Multi-Cultural Festival 다문화 축제	☐ There is ☐ ~ was really cool
	Ice Hockey Game 아이스하키 게임	☐ We often ☐ ~ was crowded with
	Nature Walk in the Forest 숲 속의 자연 산책	☐ A, B, and C ☐ There were
	A Fishing Trip with Dad 아빠와 낚시 여행	☐ I enjoy ☐ 동사ing is hard
	How to Make a Snowman 눈사람 만드는 법	☐ First ☐ Put ~ on top of
	Raising a Caterpillar 애벌레 기르기	☐ be going to ☐ We named A B
	Bunnies in the Backyard 뒤뜰의 토끼들	☐ were born in ☐ I saw
	Jobs 직업	☐ I want to ☐ I'm afraid of
	Noah's Broken Leg 다리가 부러진 노아	☐ He looked ☐ We helped
	Sleepover at Kevin's 케빈네서 자고 오기	☐ We had A for B ☐ We told ~ stories
	Beach on a Rainy Day 비 오는 날의 바닷가	☐ We went to A by B ☐ It was the ~ day of my life
	On My Mind 내 마음속	☐ ~ is on my mind ☐ I love my dog because
	School Picture Day 학급 사진 찍는 날	☐ It was ☐ It's hard to

공부한 날	일기 주제	패턴 표현
	I Love Cartoons 만화가 너무 좋아	☐ My favorite A is B ☐ I think
	Soccer Practice 축구 연습	☐ I'm a big fan of ☐ I'm looking forward to
	My Bedroom 내 방	☐ next to ☐ between A and B
	New Year's Eve 새해 전날	☐ We talked about ☐ I'm not going to
	A New Library 새 도서관	☐ ~ is 동사ing ☐ It takes ~ to
	Terry Fox Day 테리 팍스의 날	☐ He is the one who ☐ Because of
	A Broken Vase 깨진 꽃병	☐ told us not to ☐ We promised to
	Yes Parents 예스를 말하는 부모님	☐ I don't understand why ☐ I will be
	A Surprise Party for Dad 아빠를 위한 깜짝 파티	☐ We got him ☐ When ~
	Too Old for Halloween 핼러윈은 유치해	☐ I dressed up as ☐ ~ are for little kids
	I Want a Smartphone 스마트폰이 갖고 싶어	☐ I asked Mom to ☐ I'm too young to
	What I Do Best 내가 제일 잘하는 것	☐ Playing soccer is what ☐ I'm proud of myself for
	Welcome to Canada! 어서 와, 캐나다로!	☐ Have you ever been to ☐ ~ is famous for
	Catching a Cold 감기에 걸렸어	☐ I don't have to ☐ Mom won't let me
	My First Summer Camp 나의 첫 여름 캠프	☐ ~ is coming soon ☐ I'm worried about

친구들아, 안녕!
난 앤디야. 캐나다 위니펙이란 곳에 살고 있지.
가족은 아빠, 엄마, 그리고 형까지 네 명이야.
난 축구랑 만화 보는 걸 아주 좋아해.
요새 부모님이 너무 No!라고만 하셔서
그게 좀 불만인 거 빼고는 아주 즐거워.
캐나다가 어떤 곳인지 알고 싶지 않아?
내 일기도 궁금하지?
오늘부터 나와 함께 영어일기 공부하지 않을래?

Name 이름	Andy	Birthday 생일	May 9
Age 나이	10 years old	Height 키	140cm

Hair 머리 ☐ blonde ☑ brown ☐ black

Eyes 눈 ☐ brown ☑ black ☐ blue

Favorite subject 좋아하는 과목 English

Favorite Things 좋아하는 것들 soccer, ice hockey, Pokémon

자, 이제 너에 대한
소개를 해봐!

All About Me

사진을 붙이거나 그림을 그려 나의 얼굴을 보여주고,
내가 좋아하는 것 등 나에 대한 소개를 적어 보세요.

Name 이름

Birthday 생일

Age 나이

Gender 성별

Height 키

Hair 머리 ☐ blonde ☐ brown ☐ black

Eyes 눈 ☐ brown ☐ black ☐ blue

My Favorite 내가 가장 좋아하는

Food 음식

Color 색깔

Animal 동물

Sport 스포츠

Subject 과목

Book 책

Let's Save the Earth 지구를 살리자

매년 4월 22일은 지구의 날이에요. 환경을 보호하고 지구를 살리기 위해 만들어졌어요. 심각한 환경오염과 온난화로 지구가 빠르게 병들고 있어서 우리는 환경을 꼭 보호해야 할 필요가 있어요. 지구를 지키기 위해 내가 할 수 있는 일이 무엇인지 생각해 봐요.

Thursday, April 22

Today is Earth Day.

We must protect our planet.

The earth gives us clean air.

The earth gives us a playground.

We can recycle and reuse things.

We should take care of the earth.

4월 22일, 목요일

오늘은 지구의 날이다. 우리는 우리의 별을 보호해야 한다. 지구는 우리에게 깨끗한 공기를 준다. 지구는 우리에게 놀 곳도 준다. 우리는 물건들을 재활용하고 재사용할 수 있다. 우리는 지구를 돌봐야 한다.

앤디의 **패턴** 확인하기

위 일기에서 아래 패턴 표현들을 찾아 ☐ 표시하세요.

We must 우리는 ～해야 한다 **The earth gives us** 지구는 우리에게 ～을 준다

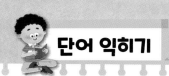

Date : _____, _____, _____

A 단어를 듣고 따라 읽으며 써 보세요.

earth 지구

must ～해야 한다

protect 보호하다

give 주다

air 공기

recycle 재활용하다

B 각 단어들을 퍼즐에서 찾아 동그라미 하세요.

earth		h	r	e	c	y	c	l	e
recycle		e	c	g	s	b	w	z	i
air		a	m	a	p	g	i	v	e
protect		r	y	i	n	v	r	u	p
give		t	p	r	o	t	e	c	t
must		h	n	r	q	m	u	s	t

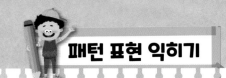

1

We must protect our planet.
우리는 **우리의 별을 보호**해야 한다.

규칙이나 의무 같이 꼭 해야 하는 일을 말할 때는 '~해야 한다'라는 뜻의 조동사 must를 써요. must 뒤에는 항상 동사원형이 와야 해요. 동사원형은 단수와 복수에 따라 바뀌지 않는 동사의 원래 모양을 말해요.

We must _____wash our hands_____ .
우리는 손을 씻어야 한다.

> wash our hands
> 우리의 손을 씻다

We _____ .
우리는 헬멧을 써야 한다.

> wear a helmet
> 헬멧을 쓰다

_____ .
우리는 학교에 가야 한다.

> go to school
> 학교에 가다

2

The earth gives us clean air.
지구는 우리에게 **깨끗한 공기를** 준다.

'~에게 …을 주다'는 동사 give를 사용하는데요, 〈give + (사람)에게 + (사물)을〉의 순서로 쓰여요.

The earth gives us _____drinking water_____ .
지구는 우리에게 식수를 준다.

> drinking water
> 식수

The earth _____ .
지구는 우리에게 나무를 준다.

> trees
> 나무

_____ .
지구는 우리에게 채소를 준다.

> vegetables
> 채소

18

환경을 보호하기 위해 우리가 할 수 있는 것을 생각하며 다음 세 가지 질문에 답을 써 보세요.

1 **What does the earth give us?** 지구는 우리에게 무엇을 주나요?

예시 water 물   food 음식   grain 곡식   soil 토양   air 공기   trees 나무

The earth gives us ⎡⎧⎫⎤ .

2 **What more does the earth give us?** 지구는 우리에게 무엇을 더 주나요?

예시 water 물   food 음식   grain 곡식   soil 토양   air 공기   trees 나무

The earth gives us ⎡⎧⎫⎤ .

3 **What can we do to protect the earth?** 지구를 보호하기 위해 우리는 무엇을 할 수 있나요?

예시 recycle 재활용하다   save water 물을 절약하다   plant trees 나무를 심다   turn off lights 불을 끄다

We can ⎡⎧⎫⎤ to protect the earth.

위에서 쓴 세 문장을 연결해서 나만의 일기를 써 보세요.

Day 02

Show and Share 발표회

미국과 캐나다 초등학교에서 하는 발표 수업을 show and tell 또는 show and share라고 해요. 집에서 사진이나 물건을 가져와 반 친구들에게 보여주며 의견을 나누는 활동이에요. 북미 교육 과정에서는 이 show and share를 매우 중요하게 생각한답니다.

Tuesday, March 8

It was my turn to show and share.

I decided to talk about Korean culture.

I drew the national flag on the paper.

I showed my classmates my hanbok.

I let them try it on.

It was super fun!

3월 8일, 화요일

오늘은 내가 발표할 차례였다. 나는 한국 문화에 대해 이야기하기로 결심했다. 나는 종이에 태극기를 그렸다. 나는 반 친구들에게 내 한복을 보여주었다. 친구들이 입어보게 했다. 정말 재미있었다!

앤디의 패턴 확인하기

위 일기에서 아래 패턴 표현들을 찾아 □ 표시하세요.

It is my turn to 내가 ~할 차례이다   **I decided to** 나는 ~하기로 결심했다

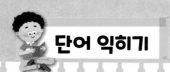

Date : _____, _____, _____

A 단어를 듣고 따라 읽으며 써 보세요.

show 보여주다

share 나누다

culture 문화

flag 깃발

hanbok 한복

try on 입어보다

B 각 그림에 맞는 단어를 찾아 연결하세요.

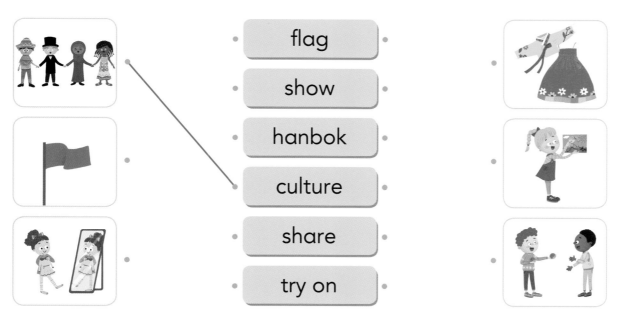

flag

show

hanbok

culture

share

try on

①

It is my turn to show and share.
내가 **발표**할 차례이다.

'내가 ~할 차례이다'라고 말할 때는 〈It is my turn to + 동사원형〉을 사용해요. turn은 무엇을 할 차례, 순번을 나타내는 단어예요. It은 해석하지 않아요.

It is my turn to _____ride a bike_____ .
내가 자전거를 탈 차례이다.

> ride a bike
> 자전거를 타다

It is _____ .
내가 노래를 부를 차례이다.

> sing
> 노래하다

_____ .
내가 집에 갈 차례이다.

> go home
> 집에 가다

②

I decided to talk about Korean culture.
나는 **한국 문화에 대해 이야기하기로 결심했다.**

'나는 ~하기로 결심했다'는 〈I decided to + 동사원형〉으로 표현해요. decide는 '결정하다, 결심하다'라는 뜻의 동사로, 과거형은 decided입니다. to 뒤에는 꼭 동사원형을 써야 해요.

I decided to _____eat snacks_____ .
나는 간식을 먹기로 결심했다.

> eat snacks
> 간식을 먹다

I decided _____ .
나는 자러 가기로 결심했다.

> go to bed
> 자러 가다

_____ .
나는 책을 읽기로 결심했다.

> read a book
> 책을 읽다

22

세 문장 일기 쓰기

학교에서 발표했던 기억을 떠올리며 다음 세 가지 질문에 답을 써 보세요.

① **What did you decide to talk about?** 무엇에 대해 이야기하기로 결심했나요?

예시 myself 내 자신   my family 가족   my best friend 단짝 친구   my favorite book 가장 좋아하는 책

I decided to talk about _____ .

② **What did you show your classmates?** 반 친구들에게 무엇을 보여주었나요?

예시 my dance 내 춤   our family picture 가족 사진   the book 책

I showed my classmates _____ .

③ **How was it?** 어땠나요?

예시 fun 재미있는   amazing 놀라운   awesome 굉장한   terrible 끔찍한

It was _____ !

위에서 쓴 세 문장을 연결해서 나만의 일기를 써 보세요.

_____

_____

_____

Day 03 Multi-Cultural Festival 다문화 축제

우리나라도 점점 다양한 문화의 사람들이 한국으로 이주해서 다문화(multi-cultural) 사회가 되고 있어요. multi는 '많은'이라는 뜻이고, cultural은 '문화의'라는 뜻이랍니다.

Saturday, September 17

There is a multi-cultural festival in the city.

My family went to see the Brazilian section.

Their traditional dance was really cool.

We also went to see the Thai section.

Their food was delicious.

But my brother didn't like it.

9월 17일, 토요일

우리 도시에 다문화 축제가 있다. 우리 가족은 브라질 섹션을 보러 갔다. 그들의 전통 춤은 정말 멋있었다. 우리는 또 태국 섹션도 보러 갔다. 그들의 음식은 아주 맛있었다.

하지만 형은 좋아하지 않았다.

앤디의 **패턴** 확인하기

위 일기에서 아래 패턴 표현들을 찾아 ☐ 표시하세요.

There is ~이 있다   **~ was really cool** ~은 정말로 멋졌다

24

A 단어를 듣고 따라 읽으며 써 보세요.

festival 축제

....

see 보다

....

traditional 전통의, 전통적인

....

dance 춤

....

food 음식

....

delicious 아주 맛있는

....

B 각 단어들을 퍼즐에서 찾아 동그라미 하세요.

food	s	p	d	f	e	s	t	i	v	a	l
traditional	e	v	x	o	z	q	g	y	r	e	n
dance	e	j	u	o	s	b	d	a	n	c	e
see	t	r	a	d	i	t	i	o	n	a	l
delicious	f	d	m	t	c	k	e	r	w	b	o
festival	d	e	l	i	c	i	o	u	s	r	u

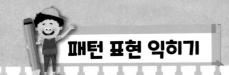

①

There is a multi-cultural festival in the city.
우리 도시에 다문화 축제가 있다.

'~이 있다'를 나타낼 때는 〈There is/are + 단수 명사/복수 명사〉로 써요. 그리고 뒤에 '~에'라는 뜻의 전치사 in을 써서 장소나 위치를 자세히 설명할 수 있어요. 여기서 There는 따로 해석하지 않아요.

There is _____ a cafeteria _____ in our school.
우리 학교에는 식당이 있다.

> a cafeteria
> 식당

There is _____ in our _____.
우리 도시에는 공원이 있다.

> a park 공원,
> town 도시

_____.
서울에는 궁이 있다.

> a palace 궁,
> Seoul 서울

②

Their traditional dance was really cool.
그들의 전통 춤은 정말로 멋졌다.

어떤 것이 정말 멋있다고 말하고 싶을 때는 cool(멋진)이라는 단어를 써서 〈주어 + is cool〉로 표현해요. 주어는 문장 맨 앞에 나오는 문장의 주인이에요. be동사 is의 과거형 was를 써서 '~은 정말로 멋졌다'를 나타낼 수 있어요.

_____ His new backpack _____ was really cool.
그의 새 배낭은 정말로 멋졌다.

> His new backpack
> 그의 새 배낭

_____ was really cool.
그녀의 새 머리핀은 정말로 멋졌다.

> Her new hairpin
> 그녀의 새 머리핀

_____.
부산은 정말로 멋졌다.

> Busan
> 부산

가장 기억에 남는 축제를 떠올리며 다음 세 가지 질문에 답을 써 보세요.

① Which festival did you go to see? 어떤 축제에 가 봤나요?

예시 a firework festival 불꽃 축제   a spring flower festival 봄꽃 축제   a food festival 음식 축제

I went to see _____ .

② What did you think of the festival? 축제에 대해 어떻게 생각했나요?

예시 cool 정말로 멋진   fun 재미있는   not fun 재미없는   boring 지루한   beautiful 아름다운

It was _____ .

③ Did you try any food? How was it? 음식을 먹었나요? 맛은 어땠나요?

예시 delicious 아주 맛있는   good 맛있는, 좋은   spicy 매운   salty 짠   bland 싱거운

The food was _____ .

위에서 쓴 세 문장을 연결해서 나만의 일기를 써 보세요.

Ice Hockey Game 아이스하키 게임

우리나라에서 가장 인기 있는 스포츠가 축구와 야구라면 캐나다에는 아이스하키가 있어요. 아이스하키는 얼음 위에서 스케이트를 신고 하는 스포츠예요. 축구나 야구 경기는 stadium 에서 하고, 하키 경기는 arena라는 경기장에서 해요.

Sunday, October 23

Ice hockey is a really fun sport in Canada.

The players skate with a hockey stick and a puck.

My dad and I love ice hockey.

We often go to see a game.

Actually, we went to see one last weekend.

The arena was crowded with many people.

10월 23일, 일요일

아이스하키는 캐나다에서 매우 재미있는 스포츠이다. 선수들은 하키 스틱과 퍽(고무 원반)을 가지고 스케이트를 탄다. 아빠랑 나는 아이스하키를 아주 좋아한다. 우리는 자주 경기를 보러 간다. 사실 우리는 지난 주 말에도 하키 게임을 보러 갔다. 아레나는 많은 사람들로 북적거렸다.

앤디의 **패턴** 확인하기

위 일기에서 아래 패턴 표현들을 찾아 ☐ 표시하세요.

We often 우리는 자주   **~ was crowded with** ~은 …으로 붐볐다

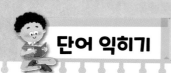

Date : _____ , _____ , _____

A 단어를 듣고 따라 읽으며 써 보세요.

sport 스포츠

skate 스케이트 타다

stick 스틱, 막대기

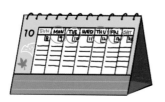

often 자주

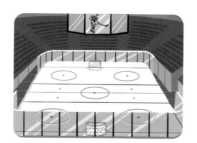

arena 경기장

crowded 붐비는

B 각 그림에 맞는 단어를 찾아 연결하세요.

- skate
- crowded
- stick
- arena
- often
- sport

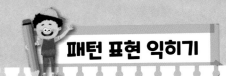

①

We often go to see a game.

우리는 자주 게임을 보러 간다.

'우리는 자주 ~을 한다'는 〈We often + 동사〉로 나타내요. often(자주) 대신에 always(항상), usually(보통), sometimes(가끔), never(절대 ~않다)를 활용해서 어떤 일을 얼마나 자주 하는지를 표현할 수 있어요.

We often ___bake cookies___ together.

우리는 자주 함께 쿠키를 굽는다.

> bake cookies
> 쿠키를 굽다

We _____ together.

우리는 자주 함께 수영하러 간다.

> go swimming
> 수영하러 가다

_____ .

우리는 자주 시계를 쳐다본다.

> look at the clock
> 시계를 쳐다보다

②

The arena was crowded with many people.

경기장은 많은 사람들로 붐볐다.

crowd는 원래 '군중, 모여 있는 사람'이라는 뜻의 명사인데요, crowded(붐비는)라는 형용사가 만들어진 거예요. '~은 …으로 붐볐다'는 〈주어 + was crowded with + 명사〉로 표현하고 with 뒤에 어떤 사람들로 붐볐는지 써주면 돼요.

The stadium was crowded with ___baseball fans___.

스타디움은 야구 팬들로 붐볐다.

> baseball fans
> 야구 팬들

The playground was crowded _____ .

학교 운동장은 학생들로 붐볐다.

> students
> 학생들

The street _____ .

거리는 많은 관광객들로 붐볐다.

> many tourists
> 많은 관광객들

좋아하는 스포츠를 떠올리며 다음 세 가지 질문에 답을 써 보세요.

1 **What is your favorite sport?** 내가 좋아하는 스포츠는 무엇인가요?

예시 baseball 야구   soccer 축구   basketball 농구   taekwondo 태권도   swimming 수영

My favorite sport is   .

2 **What is a fun sport in Korea?** 한국에서 재미있는 스포츠는 무엇인가요?

예시 baseball 야구   soccer 축구   basketball 농구   taekwondo 태권도   swimming 수영

                              is a fun sport in Korea.

3 **Do you often go to see a game?** 경기를 자주 보러 가나요?

예시 always 항상   usually 보통   often 자주   sometimes 가끔

I   go to see a game.

위에서 쓴 세 문장을 연결해서 나만의 일기를 써 보세요.

Nature Walk in the Forest
숲 속의 자연 산책

북미의 학교에서는 야외 활동으로 scavenger hunt(물건 찾기 놀이)를 많이 해요. 팀으로 나누어 종이에 적힌 것들을 찾는 게임인데 숲에서 할 때는 nature hunt라고 부른답니다.

Monday, May 6

My family went for a nature walk in the forest.

We found leaves, twigs, and pine cones.

There were many mosquitoes, too.

I found mosquito bites on my legs.

The bites are still very itchy.

Even now, I can't stop scratching!

5월 6일, 월요일

우리 가족은 숲으로 자연 산책을 갔다. 우리는 나뭇잎, 작은 나뭇가지들, 그리고 솔방울들을 발견했다. 모기들도 많았다. 나는 다리에서 모기 물린 자국을 발견했다. 모기 물린 데가 아직도 엄청 가렵다. 심지어 지금도 긁는 걸 멈출 수가 없다!

앤디의
패턴
확인하기

위 일기에서 아래 패턴 표현들을 찾아 ☐ 표시하세요.

A, B, and C A, B, 그리고 C **There were** ~들이 있었다

Date : _____, _____, _____

A 단어를 듣고 따라 읽으며 써 보세요.

nature 자연

walk 산책; 걷다

forest 숲

twig 나무의 잔가지

bite 물다; 물린 자국

itchy 가려운

B 각 단어들을 퍼즐에서 찾아 동그라미 하세요.

bite	w	s	t	w	i	g	m	f
nature	n	a	p	b	t	v	b	o
twig	b	d	l	a	c	t	i	r
forest	k	z	x	k	h	y	t	e
itchy	g	j	u	h	y	b	e	s
walk	n	a	t	u	r	e	b	t

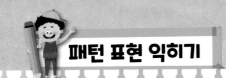

❶

We found leaves, twigs, and pine cones.
우리는 나뭇잎들, 가지들, 그리고 솔방울들을 발견했다.

세 개 이상의 단어를 나열할 때는 마지막 단어 앞에 접속사 and를 써서 〈A, B, and C〉의 형태로 나타내요. 접속사는 단어와 단어, 문장과 문장을 연결해 주는 말이에요. 단어들을 나열할 때는 단어 사이에 쉼표(,)를 넣어야 해요.

We found books, pens, and _____an eraser_____.
우리는 책들, 볼펜들, 그리고 지우개 하나를 발견했다.

> an eraser
> 지우개

We found a dog, _____.
우리는 개 한 마리, 고양이 한 마리, 그리고 쥐 한 마리를 발견했다.

> a cat 고양이,
> a mouse 쥐

We found _____.
우리는 머리핀 하나, 목걸이 하나, 그리고 장난감 몇 개를 발견했다.

> a hairpin 머리핀,
> a necklace 목걸이,
> some toys 장난감 몇 개

❷

There were many mosquitoes.
많은 모기들이 있었다.

'~이 있다'라고 할 때 〈There is/are + 단수 명사/복수 명사〉를 사용해요. 과거의 일로 '~이 있었다'라고 말하려면 〈There was/were + 단수 명사/복수 명사〉로 쓰면 됩니다.

There were _____many books_____.
많은 책들이 있었다.

> many books
> 많은 책들

There _____.
많은 펜들이 있었다.

> many pens
> 많은 펜들

_____.
많은 꽃들이 있었다.

> many flowers
> 많은 꽃들

산이나 숲으로 산책 갔던 때를 떠올리며 다음 세 가지 질문에 답을 써 보세요.

1 **Where did you go for a walk?** 어디로 산책을 갔나요?

예시 forest 숲   park 공원   mountain 산   neighborhood 동네 근처

I went for a walk in the ⎡⎤ .

2 **Who did you go with?** 누구와 산책을 갔나요?

예시 family 가족   friends 친구들   grandparents 조부모님   mom and dad 엄마 아빠

I went with my ⎡⎤ .

3 **What did you find or see?** 무엇을 발견하거나 보았나요?

예시 pine cones 솔방울   squirrels 다람쥐   flowers 꽃   mushrooms 버섯   insects 곤충

I found ⎡⎤ , ⎡⎤ , and ⎡⎤ .

위에서 쓴 세 문장을 연결해서 나만의 일기를 써 보세요.

Day 06

A Fishing Trip with Dad 아빠와 낚시 여행

친구에게 취미를 물어볼 때 What is your hobby?보다는 What do you do in your free(spare) time?을 많이 사용해요. free time 혹은 spare time은 자유 시간, 여가 시간을 뜻해요. 여가 시간에 주로 무엇을 하냐고 물어보는 말이죠.

My dad and I will go fishing this weekend.

I enjoy fishing.

It's a cool hobby.

Sometimes waiting is hard.

But it's very exciting when you catch a fish.

I love spending time with my dad.

7월 19일, 수요일

아빠와 나는 이번 주말에 낚시를 하러 갈 거다. 나는 낚시하는 걸 즐긴다. 그것은 멋 있는 취미이다. 가끔 기다리는 게 힘들다. 하지만 물고기를 잡으면 매우 신이 난다. 나 는 우리 아빠와 시간 보내는 걸 아주 좋아 한다.

앤디의 패턴 확인하기

위 일기에서 아래 패턴 표현들을 찾아 ☐ 표시하세요.

I enjoy 나는 ~을 즐긴다 **동사ing is hard** ~하는 것은 힘들다

36

단어 익히기

A 단어를 듣고 따라 읽으며 써 보세요.

fishing 낚시

weekend 주말

enjoy 즐기다

hobby 취미

catch 잡다

spend 시간을 보내다

B 각 그림에 맞는 단어를 찾아 연결하세요.

- spend
- weekend
- catch
- hobby
- fishing
- enjoy

1

I enjoy fishing.
나는 **낙시하는 것을** 즐긴다.

enjoy(즐기다) 뒤에 동사 + ing를 써서 '나는 ~을 즐긴다'라고 표현해요. '~하다'라는 동사에 -ing를 붙이면
'~하는 것'이 된답니다. 그래서 fish(낚시하다)에 -ing를 붙이면 '낚시', '낚시하는 것'이 되죠.

I enjoy _____ playing online games _____ •
나는 온라인 게임하는 것을 즐긴다.

> play online games
> 온라인 게임을 하다

I _____ •
나는 영어 공부하는 것을 즐긴다.

> study English
> 영어를 공부하다

_____ •
나는 음악 듣는 것을 즐긴다.

> listen to music
> 음악을 듣다

2

Waiting is hard.
기다리는 것은 힘들다.

동사에 -ing를 붙이면 '~하는 것'이 되죠. 이것을 문장 맨 앞 주어 자리에 쓰고, '~하는 것은 힘들다'라는 의미로
〈동사ing + is hard〉로 표현해요.

_____ Waking up early _____ is hard.
일찍 일어나는 것은 힘들다.

> wake up early
> 일찍 일어나다

_____ hard.
학교에 걸어가는 것은 힘들다.

> walk to school
> 학교에 걸어가다

_____ •
집안일을 하는 것은 힘들다.

> do chores
> 집안일을 하다

세 문장 일기 쓰기

나의 취미 생활에 대한 다음 세 가지 질문에 답을 써 보세요.

1 What do you do in your free time? 여가 시간에 무엇을 하나요?

예시 play games 게임을 하다 read books 책을 읽다 play sports 스포츠를 하다 watch TV TV를 보다

I ______ in my free time.

2 What do you enjoy doing? 무엇을 하는 것을 즐기나요?

예시 playing online games 온라인 게임하기 swimming 수영 reading 독서

I enjoy ______.

3 How do you spend time with your parents? 부모님과 어떻게 시간을 보내나요?

예시 go to the museum 박물관에 가다 watch movies 영화를 관람하다 go hiking 등산하다

I ______ with my parents.

위에서 쓴 세 문장을 연결해서 나만의 일기를 써 보세요.

How to Make a Snowman
눈사람 만드는 법

'〜해, 〜해 줘'라고 명령하거나 지시하는 문장을 명령문이라고 해요. 주어 없이 바로 일반동사로 시작하죠. How to는 '〜하는 방법'이라는 뜻이에요.

Monday, January 6

First, you need snow.

Roll snow to make a ball.

Then, make a smaller ball.

Put the smaller ball on top of the bigger ball.

Next, put twigs for the eyes, nose, and mouth.

Ta-da! The snowman is done!

1월 6일, 월요일

첫째로 눈이 필요해. 눈덩어리를 만들기 위해 눈을 굴려. 그 다음에 작은 덩어리를 만들어. 작은 덩어리를 큰 덩어리 위에 올려. 다음에는 눈, 코, 입 자리에 나뭇가지를 넣어. 짜잔! 눈사람 완성!

앤디의 **패턴** 확인하기

위 일기에서 아래 패턴 표현들을 찾아 ☐ 표시하세요.

First 첫째(로) **Put ~ on top of** ~을 … 위에 올린다

40

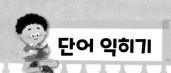

A 단어를 듣고 따라 읽으며 써 보세요.

need 필요하다

roll 구르다, 굴리다

put ~을 놓다

top 맨 위, 꼭대기

eye 눈

snowman 눈사람

B 각 단어들을 퍼즐에서 찾아 동그라미 하세요.

eye	l	s	n	o	w	m	a	n
put	r	d	z	d	r	n	q	u
need	o	e	r	n	e	e	d	f
snowman	l	s	y	w	t	t	b	t
top	l	y	b	e	r	m	i	o
roll	b	p	u	t	x	y	a	p

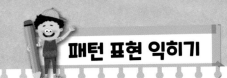
1

First, you need snow.
첫째로 눈이 필요하다.

무언가를 하는 방법을 설명하면서 그 순서를 나타낼 때는 '첫째(로)'를 뜻하는 first를 사용해요. first 뒤에는 방법의 내용을 써주면 돼요. 순서를 나타낼 때 then(그 다음에, 그리고), next(다음의), last(마지막으로) 등의 표현을 쓸 수 있어요.

First, you need _____flour_____ .
첫째로 밀가루가 필요하다.

> flour
> 밀가루

First, _____ .
첫째로 종이 한 장이 필요하다.

> a piece of paper
> 종이 한 장

_____ .
첫째로 빵이 필요하다.

> bread
> 빵

2

Put the smaller ball on top of the bigger ball.
더 작은 공을 더 큰 공 위에 올린다.

top은 '맨 위, 꼭대기'라는 뜻의 단어예요. '~위에'라는 말을 할 때 전치사 on을 가장 많이 쓰지만, 높이가 있는 곳의 맨 위를 가리킬 때는 'on top of'라는 표현을 사용해요. 무언가의 위에 올려놓는 느낌을 강조해요.

Put the ___cherry___ on top of the ___cake___ .
체리를 케이크 위에 올린다.

> cherry 체리,
> cake 케이크

Put _____ .
액자를 선반 위에 올린다.

> the frame 액자,
> the shelf 선반

_____ .
상자를 탁자 위에 올린다.

> the box 상자,
> the table 탁자

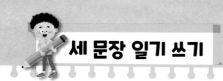

친구에게 모래성을 만드는 법을 설명한다고 생각하며 다음 세 가지 질문에 답을 써 보세요.

1 **What do you need first?** 첫째로 무엇이 필요하나요?

예시 sand 모래   water 물   a bucket 양동이, 들통   a shovel 삽

First, you need _____ .

2 **What do you do next?** 다음으로는 무엇을 하나요?

예시 add lots of water 물을 듬뿍 넣다   make a pile of sand 모래 더미를 쌓다

Next, _____ .

3 **Finally, what do you have to do?** 마지막으로 무엇을 해야 하나요?

예시 shape the castle 성 모양을 만들다   add seashells 조개껍데기를 붙이다

Finally, _____ .

위에서 쓴 세 문장을 연결해서 나만의 일기를 써 보세요.

_____

_____

_____

Raising a Caterpillar 애벌레 기르기

과학 시간에 누에나 나비 애벌레를 관찰하며 길러본 적 있나요? 가정에서 양파나 고구마를 키워본 적은요? 북미 지역의 초등학교에서는 과학 시간에 애벌레, 대벌레 등을 기르며 관찰 일기를 쓰기도 해요.

Thursday, August 11

I had a science class today.

My teacher said we will raise a caterpillar.

We are going to observe it every day.

We put it with a cabbage leaf in a jar.

We named him Jimmy.

I hope he becomes a butterfly.

8월 11일, 목요일

나는 오늘 과학 수업이 있었다. 선생님은 우리가 애벌레를 기를 거라고 말씀하셨다. 우리는 매일 관찰할 예정이다. 우리는 그것을 배춧잎과 함께 병 안에 넣었다. 우리는 그것을 지미라고 이름 지었다. 나비가 되었으면 좋겠다.

앤디의 **패턴** 확인하기

위 일기에서 아래 패턴 표현들을 찾아 □ 표시하세요.

be going to ~할 것이다 **We named A B** 우리는 A를 B라고 이름 지었다

44

A 단어를 듣고 따라 읽으며 써 보세요.

science 과학

raise 기르다

observe 관찰하다

name 이름을 지어주다

become ～이 되다

butterfly 나비

B 각 그림에 맞는 단어를 찾아 연결하세요.

observe

become

butterfly

raise

name

science

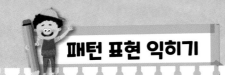
1

We **are going to** observe it.
우리는 그것을 관찰할 것이다.

'~할 것이다, ~할 예정이다'를 나타내는 〈주어 + be going to + 동사원형〉은 앞으로 어떤 일이 있을 것을
이야기할 때 사용해요. 주어에 따라 be동사는 am, are, is로 변하니 주의해서 써야 해요.

We are going to ___clean the house___ .

우리는 집을 청소할 것이다.

> clean the house
> 집을 청소하다

I am ___ .

나는 일기를 쓸 것이다.

> keep a diary
> 일기를 쓰다

___ .

우리는 카드를 만들 것이다.

> make a card
> 카드를 만들다

2

We **named** him Jimmy.
우리는 그를 지미라고 이름 지었다.

name은 '이름'이라는 뜻의 명사지만, 'A(사람)를 B(이름)라고 이름 짓다'라는 의미를 가진 동사로도 쓰인답니다.
A에는 사람을, B에는 이름을 쓰면 되고, 항상 〈name + 사람 + 이름〉의 순서로 써요. name의 과거형은 named예요.

We named ___the dog Rocky___ .

우리는 그 개를 로키라고 이름 지었다.

> the dog 그 개,
> Rocky 로키

We named ___ .

우리는 그 인형을 제스라고 이름 지었다.

> the doll 그 인형,
> Jess 제스

___ .

우리는 그 공원을 선라이즈 공원이라고 이름 지었다.

> the park 그 공원,
> Sunrise Park
> 선라이즈 공원

학교나 집에서 동식물을 관찰했던 것을 떠올리며 다음 세 가지 질문에 답을 써 보세요.

1 **What did you observe?** 무엇을 관찰했나요?

예시 an onion 양파   a caterpillar 애벌레   bean sprouts 콩나물   a worm 지렁이

I observed _____ .

2 **Where did you put it?** 그것을 어디에 보관했나요?

예시 a jar 병   a bowl 그릇   a container 용기, 통   a plastic cup 플라스틱 컵

I put it in _____ .

3 **What did you name it?** 뭐라고 이름을 지었나요?

예시 지어준 이름을 써 보세요.

I named it _____ .

위에서 쓴 세 문장을 연결해서 나만의 일기를 써 보세요.

_____

_____

_____

Bunnies in the Backyard 뒤뜰의 토끼들

우리나라는 개구리가 겨울잠에서 깨어나 봄을 알린다고 하죠. 서양에서는 토끼가 봄을 상징하는 동물이랍니다. 토끼를 bunny라고도 부르는데, 주로 아이들이 많이 쓰는 말이에요. 4월 초 부활절(Easter)이 되면 토끼가 부활절 달걀을 가져다 준다고 해요.

Wednesday, April 26

Mom noticed something in the backyard.

It was a bunny burrow.

There were five baby bunnies.

They were born in our backyard!

Then I saw crows flying over our house to eat them.

Go away, Crow! I will protect the bunnies.

4월 26일, 수요일

엄마가 뒤뜰에서 무언가를 알아채셨다. 그것은 토끼 굴이었다. 다섯 마리의 아기 토끼들이 있었다. 우리 뒷마당에서 태어난 거다! 그때 까마귀들이 토끼들을 잡아먹으려 우리 집 위를 날아다니는 걸 보았다. 저리가, 까마귀야! 내가 토끼들을 보호할 거다.

앤디의 **패턴** 확인하기

위 일기에서 아래 패턴 표현들을 찾아 ☐ 표시하세요.

were born in ~에서 태어났다 **I saw** 나는 ~을 보았다

A 단어를 듣고 따라 읽으며 써 보세요.

notice 알아채다

backyard 뒤뜰

bunny 토끼

born 태어나다

crow 까마귀

fly 날다

B 각 단어들을 퍼즐에서 찾아 동그라미 하세요.

crow	b	a	c	k	y	a	r	d
bunny	u	b	u	b	o	r	n	c
fly	n	p	n	o	t	i	c	e
backyard	n	e	x	j	h	v	n	z
notice	y	w	q	a	s	f	l	y
born	m	c	r	o	w	g	j	q

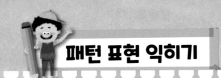
1

They **were born in** our backyard.
그것들은 우리 뒤뜰에서 태어났다.

born은 '태어나다'라는 의미예요. 'be born' 형태로 쓰이는데, be동사는 주어와 시제에 따라 am, are, is 혹은 was, were로 변하죠. 전치사 in 뒤에 장소나 시간을 써서 언제 어디서 태어났는지 말할 수 있어요.

We were born in _____Canada_____ .
우리는 캐나다에서 태어났다.

> Canada
> 캐나다

My sisters were born _____ .
내 여동생들은 병원에서 태어났다.

> the hospital
> 병원

The puppies _____ .
강아지들은 우리 집에서 태어났다.

> our house
> 우리 집

2

I **saw** crows flying.
나는 까마귀들이 날아다니는 것을 보았다.

'~가 …하는 것을 보다'는 〈see + 사람/사물 + 동사ing〉의 순서로 표현해요. 누군가 혹은 무언가가 어떤 행동을 하고 있는 것을 보는 것이죠. saw는 see의 과거형이에요.

I saw Yuna _____walking home_____ .
나는 유나가 집에 걸어가는 것을 보았다.

> walk home
> 집에 걸어가다

I saw _____ .
나는 마이크가 피아노 치는 것을 보았다.

> Mike 마이크,
> play the piano
> 피아노를 치다

_____ .
나는 그들이 달리는 것을 보았다.

> them 그들,
> run 달리다

갓 태어난 아기 동물들을 본 경험을 떠올리며 다음 세 가지 질문에 답을 써 보세요.

1 **Have you ever seen baby animals?** 새끼 동물을 본 적 있나요?

예시 puppies 강아지들   kittens 새끼 고양이들   baby fish 새끼 물고기들

I saw _____ .

2 **Where were they born?** 그들은 어디에서 태어났나요?

예시 in the garden 마당에서   in the animal hospital 동물 병원에서   in the fishbowl 어항에서

They were born _____ .

3 **What did you name them?** 뭐라고 이름을 지어주었나요?

예시 지어준 이름을 써 보세요.

I named them _____ .

위에서 쓴 세 문장을 연결해서 나만의 일기를 써 보세요.

Jobs 직업

요즘 영어에서는 전통적으로 -man으로 끝나는 직업 이름 대신에 남자 또는 여자를 나타내지 않는 단어인 person이나 officer를 붙여 쓰고 있어요. 대표적으로 police officer(경찰관), sales person(판매원), firefighter(소방관), flight attendant(비행 승무원) 등이 있답니다.

Tuesday, June 30

We talked about jobs in social studies class today.

I learned that there are many jobs in the world.

I like to help people.

I want to be a nurse when I grow up.

But I'm afraid of shots.

I hope I don't have to give shots.

6월 30일, 화요일

우리는 오늘 사회 시간에 직업에 대해 이야기했다. 세상에는 직업이 많다는 것을 배웠다. 나는 사람들을 돕는 걸 좋아한다. 나는 커서 간호사가 되고 싶다. 하지만 난 주사가 무섭다. 주사를 놓지 않았으면 좋겠다.

앤디의 패턴 확인하기

위 일기에서 아래 패턴 표현들을 찾아 ☐ 표시하세요.

I want to 나는 ~하고 싶다 **I'm afraid of** 나는 ~을 무서워한다

Date : _____ , _____ , _____

A 단어를 듣고 따라 읽으며 써 보세요.

job 직업

world 세계, 세상

help 돕다

nurse 간호사

grow 자라다

afraid 무서워하는

B 각 그림에 맞는 단어를 찾아 연결하세요.

afraid

grow

nurse

job

help

world

❶

I want to be a nurse.

나는 **간호사가 되고** 싶다.

want는 '원하다'라는 뜻이에요. '나는 ～을 원한다, 나는 ～하고 싶다'는 〈I want to + 동사원형〉의 형태로 써요.
am, is, are의 동사원형은 be라는 점에 주의하세요.

I want to _____be tall_____.
나는 키가 크고 싶다.

be tall
키가 크다

I _____.
나는 물을 마시고 싶다.

drink water
물을 마시다

_____.
나는 소방관이 되고 싶다.

be a firefighter
소방관이 되다

❷

I'm afraid of shots.

나는 **주사를** 무서워한다.

두려워하거나 무서워하는 것을 나타낼 때는 be afraid of라는 표현을 사용해요. '나는 ～을 무서워한다'는
〈I am afraid of + 명사〉로 표현해요. 전치사 of 뒤에는 명사나 동사ing가 와요. I'm은 I am의 줄임말이에요.

I'm afraid of _____cats_____.
나는 고양이를 무서워한다.

cats
고양이들

I'm _____.
나는 어둠을 무서워한다.

the dark
어둠

_____.
나는 곤충들을 무서워한다.

insects
곤충들

54

어른이 되면 무엇이 되고 싶은지 생각하며 다음 세 가지 질문에 답을 써 보세요.

1 **What do you like to do?** 무엇을 하는 것을 좋아하나요?

예시 help people 사람들을 돕다   cook food 음식을 요리하다   sing and dance 노래하고 춤추다

I like to _____ .

2 **What are you good at?** 무엇을 잘 하나요?

예시 running 달리기 cutting vegetables 채소 썰기 rapping 랩 하기

I am good at _____ .

3 **What do you want to be when you grow up?** 어른이 되면 무엇이 되고 싶은가요?

예시 a firefighter 소방관   a police officer 경찰관   a cook 요리사   a singer 가수

I want to be _____ .

위에서 쓴 세 문장을 연결해서 나만의 일기를 써 보세요.

앤디의 발표 엿보기

우리나라의 태극기와 한복을 영어로 한번 소개해 볼까요?
앤디의 발표 글을 잘 듣고 큰 소리로 따라 말해 보세요.
우리말 해석을 통해 내용을 확인한 뒤 문장을 하나씩 따라 써 보세요.

Today, my topic is about Korean culture.

First, this is the Korean national flag.

It's called Taeguekgi.

There is a circle in the middle in red and blue.

There are black bars on every corner.

Next, I'll show you the traditional clothes, hanbok.

Hanbok is very beautiful and colorful.

We wear it on holidays, weddings,

or parties.

해석

오늘 내 주제는 한국 문화에 관한 것이다. 우선, 이것이 한국의 국기이다. 그것을 태극기라고 부른다.
가운데 빨강과 파랑의 원이 있다. 각 모서리에는 검은 선들이 있다. 다음은 한국의 전통 의상인 한복을
보여주겠다. 한복은 매우 아름답고 화려하다. 우리는 한복을 명절, 결혼식이나 행사에 입는다.

Follow the Arrows

화살표를 따라서 단어를 완성해 보세요.

① ☐☐☐☐☐☐☐☐☐

② ☐☐☐☐☐☐

③ ☐☐☐☐☐☐☐☐☐

→ 정답은 157쪽에

Noah's Broken Leg 다리가 부러진 노아

팔이나 다리가 부러졌을 때 하는 석고 붕대를 우리말로 깁스라고 하지만 영어로는 cast라고 해요. '깁스하다'는 wear a cast라고 표현해요. 옷, 신발, 안경, 모자, 장신구 등 우리 몸에 입고 쓰고 끼우는 것을 말할 때는 동사 wear를 쓴답니다.

Friday, May 18

Noah, my classmate, broke his leg yesterday.

Today, he showed up with a cast and crutches.

He looked sad at first.

But everyone wrote something nice on his cast.

We also helped him move around.

Noah felt much better.

5월 18일, 금요일

내 반 친구 노아는 어제 다리가 부러졌다.

오늘 노아는 깁스와 목발을 하고 나타났다.

처음에 노아는 슬퍼 보였다. 하지만 모두가

깁스 위에 좋은 말을 써줬다. 그리고 우리는

노아가 돌아다니는 걸 도와주었다. 노아는

기분이 훨씬 나아졌다.

앤디의
패턴
확인하기

위 일기에서 아래 패턴 표현들을 찾아 ☐ 표시하세요.

He looked 그는 ~하게 보였다 **We helped** 우리는 ~을 도와주었다

단어 익히기

A 단어를 듣고 따라 읽으며 써 보세요.

classmate 반 친구

break 부러지다

leg 다리

cast 깁스

sad 슬픈

write 쓰다

B 각 단어들을 퍼즐에서 찾아 동그라미 하세요.

write		l	n	u	b	r	e	a	k	m
cast		d	e	r	t	n	f	y	g	w
classmate		v	h	g	j	c	a	s	t	r
leg		a	s	y	b	e	h	q	m	i
sad		p	n	s	a	d	n	i	s	t
break		c	l	a	s	s	m	a	t	e

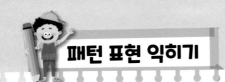

①

He looked sad.
그는 **슬퍼** 보였다.

동사 look은 대표적으로 '보다'라는 뜻이 있어요. 그런데 look 뒤에 형용사를 붙이면 '～하게 보이다'라는 의미를 나타내요. looked는 look의 과거형이에요. 일반동사 뒤에 -ed, -d를 붙여 과거형을 만들죠.

He looked _____ handsome _____ .
그는 잘생겨 보였다.

> handsome
> 잘생긴

He _____ .
그는 행복해 보였다.

> happy
> 행복한

_____ .
그는 피곤해 보였다.

> tired
> 피곤한

②

We helped him move around.
우리는 **그가 돌아다니는 것**을 도와주었다.

help는 '돕다'라는 의미를 가지는 동사예요. 그래서 '～가 …하는 것을 돕다'는 〈help + 사람 + 동사원형〉으로 표현해요. 과거의 일인 경우에는 과거형 동사인 helped를 쓰면 돼요.

We helped him _____ do his homework _____ .
우리는 그가 숙제하는 것을 도와주었다.

> do his homework
> 숙제를 하다

We _____ .
우리는 아빠가 집을 청소하는 것을 도와드렸다.

> Dad 아빠,
> clean the house
> 집을 청소하다

_____ .
우리는 그녀가 길을 건너는 것을 도와주었다.

> her 그녀,
> cross the street
> 길을 건너다

60

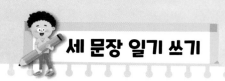

주변 친구 또는 내가 다쳤던 때를 떠올리며 다음 세 가지 질문에 답을 써 보세요.

1 **Who were injured?** 부상당한 사람은 누구였나요?

예시 I 나   Mom 엄마   my sister 내 언니, 누나, 여동생   my friend 내 친구

was injured.

2 **Where did you(he/she) break?** 어디가 부러졌나요?

예시 leg 다리   arm 팔   finger 손가락   foot 발   hand 손

broke .

3 **Did you(he/she) wear a cast?** 깁스를 했나요?

예시 wore a cast 깁스를 했다   didn't wear a cast 깁스를 하지 않았다

.

위에서 쓴 세 문장을 연결해서 나만의 일기를 써 보세요.

Sleepover at Kevin's 케빈네서 자고 오기

친구네 집에 가서 자거나 우리 집에 친구가 와서 자는 것을 sleepover라고 말해요. 먼저 양측 부모님이 연락해서 날짜를 정해 그 집으로 가죠. 침낭을 가져가 지하나 1층에 꾸며진 공간인 family room에서 다 같이 자는 것이 일반적이에요.

Saturday, November 2

I had a sleepover at Kevin's house.

Kevin is my best friend.

We had pizza for dinner.

We played with a nerf gun.

We told scary stories to each other.

That night, we couldn't sleep because we were scared.

11월 2일, 토요일

나는 케빈의 집에서 자고 왔다. 케빈은 나의 가장 친한 친구이다. 우리는 저녁으로 피자를 먹었다. 우리는 너프건(장난감 총)을 가지고 놀았다. 우리는 서로에게 무서운 이야기도 했다. 그날 밤 우리는 무서워서 잠을 못 잤다.

앤디의 **패턴** 확인하기

위 일기에서 아래 패턴 표현들을 찾아 ☐ 표시하세요.

We had A for B 우리는 B로 A를 먹었다

We told ~ stories 우리는 ~ 이야기를 했다

A 단어를 듣고 따라 읽으며 써 보세요.

sleep 자다

pizza 피자

dinner 저녁 식사

play 놀다

scary 무서운, 겁나는

night 밤

B 각 그림에 맞는 단어를 찾아 연결하세요.

play

dinner

night

sleep

scary

pizza

1

We had pizza for dinner.
우리는 **저녁으로 피자를** 먹었다.

'먹다'라고 할 때 동사 eat을 쓰기도 하지만 have도 많이 사용해요. 식사로 무엇을 먹는지 이야기할 때는 〈We have + A(음식명) + for B(식사)〉로 표현해요. 식사 자리에는 breakfast, lunch, dinner 모두 쓸 수 있어요. had는 have의 과거형이에요.

We had _____rice and soup_____ for dinner.
우리는 저녁으로 밥과 국을 먹었다.

> rice and soup
> 밥과 국

We had _____ .
우리는 저녁으로 불고기를 먹었다.

> bulgogi 불고기,
> dinner 저녁

_____ .
우리는 점심으로 파스타를 먹었다.

> pasta 파스타,
> lunch 점심

2

We told scary stories to each other.
우리는 **서로에게 무서운 이야기를** 했다.

'이야기를 하다'는 tell a story라는 표현을 사용해요. 어떤 이야기를 했는지 말하고 싶을 땐 story 앞에 scary, funny, sad와 같은 형용사들을 넣어 〈told + 형용사 + stories〉로 나타내요. 동사 tell(말하다)의 과거형은 told예요.

We told _____funny_____ stories to each other.
우리는 서로에게 웃긴 이야기를 했다.

> funny
> 웃긴

_____ to each other.
우리는 서로에게 슬픈 이야기를 했다.

> sad
> 슬픈

We _____ to Mom.
우리는 엄마에게 흥미로운 이야기를 했다.

> interesting
> 흥미로운

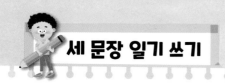
친구네 집에서 잤을 때 혹은 친구가 우리 집에서 자고 갔을 때를 떠올리며 다음 세 가지 질문에 답을 써 보세요.

1 **Who did you have a sleepover with?** 누구와 함께 잤나요?

예시 친구의 이름을 써 보세요.

I had a sleepover with _____ .

2 **What did you do with your friend?** 친구와 무엇을 했나요?

예시 played games 게임을 했다   watched movies 영화를 봤다   played board games 보드게임을 했다

We _____ .

3 **What did you have for dinner?** 저녁으로 무엇을 먹었나요?

예시 pizza 피자   hamburgers 햄버거   bulgogi 불고기   tteokbokki 떡볶이

We had _____ for dinner.

위에서 쓴 세 문장을 연결해서 나만의 일기를 써 보세요.

_____

_____

_____

Beach On a Rainy Day 비 오는 날의 바닷가

우리는 바닷가만 beach라고 말하지만 북미의 내륙 지방에는 호수 주변에도 모래가 있어서 호숫가도 beach라고 불러요. 우리나라 크기만 한 커다란 호수도 있답니다. 여름에는 끝이 보이지 않는 바다 같은 큰 호수에서 물놀이를 하며 놀아요.

Sunday, August 5

It was very hot yesterday.

My family decided to go to the beach.

We went to the beach by car.

When we got there, it started to rain.

I didn't mind running around in the rain.

It was the best day of my life.

8월 5일, 일요일

어제는 매우 더웠다. 우리 가족은 바닷가에 가기로 결정했다. 우리는 차를 타고 해변에 갔다. 우리가 도착했을 때 비가 내리기 시작했다. 나는 비를 맞으며 뛰어다니는 걸 신경 쓰지 않았다. 내 인생 최고의 날이었다.

앤디의 패턴 확인하기

위 일기에서 아래 패턴 표현들을 찾아 ☐ 표시하세요.

We went to A by B 우리는 B를 타고 A에 갔다

It was the ~ day of my life 내 인생에서 가장 ~한 날이었다

Date : _____ , _____ , _____

A 단어를 듣고 따라 읽으며 써 보세요.

hot 더운

_____

beach 해변, 바닷가

_____

start 시작하다

_____

rain 비가 오다

_____

run 달리다

_____

best 최고의

_____

B 각 단어들을 퍼즐에서 찾아 동그라미 하세요.

beach		d	y	i	c	x	r	u	n
run		h	z	b	e	a	c	h	v
hot		q	o	v	r	s	e	i	b
rain		n	u	t	l	m	u	f	e
best		s	t	a	r	t	j	h	s
start		g	p	r	a	i	n	k	t

①

We went to the beach **by** car.
우리는 **차를** 타고 **해변**에 갔다.

'우리는 ～을 타고 …에 갔다'는 〈We went to + 목적지 + by + 교통수단〉으로 표현할 수 있어요. 'by + 교통수단'은 주로 문장 끝에 붙여요. 동사 went는 go(가다)의 과거형이에요.

We went to the beach ____by train____.
우리는 기차를 타고 해변에 갔다.

> train
> 기차

We went _____.
우리는 버스를 타고 학교에 갔다.

> school 학교,
> bus 버스

_____.
우리는 비행기를 타고 제주도에 갔다.

> Jeju Island 제주도,
> airplane 비행기

②

It was the **best** day of my life.
내 인생에서 **최고의** 날이었다.

'내 인생에서 가장 ～한 날이었다'는 형용사를 최상급으로 바꿔 〈It was the + 최상급 형용사 + day of my life〉로 표현해요. 최상급은 주로 형용사 뒤에 -est를 붙이고 앞에는 the를 써서 나타내요. 그러나 최상급의 형태는 단어마다 다르니 주의하세요.

It was the ____happiest____ day of my life.
내 인생에서 가장 행복한 날이었다.

> happiest
> 가장 행복한

It _____ of my life.
내 인생에서 가장 슬픈 날이었다.

> saddest
> 가장 슬픈

_____.
내 인생에서 최악의 날이었다.

> worst
> 최악의

바닷가로 놀러갔던 기억을 떠올리며 다음 세 가지 질문에 답을 써 보세요.

1 Who did you go to the beach with? 누구와 함께 바닷가에 갔나요?

예시 my family 우리 가족   my friends 내 친구들

I went to the beach with _____ .

2 How did you go to the beach? 바닷가에 무엇을 타고 갔나요?

예시 by car 차로   by bus 버스로   by train 기차로   by airplane 비행기로

We went to the beach _____ .

3 How was the day? 어떤 하루를 보냈나요?

예시 the happiest 가장 행복한   the funniest 가장 재미있는   the most beautiful 가장 아름다운

It was _____ day of my life.

위에서 쓴 세 문장을 연결해서 나만의 일기를 써 보세요.

_____

_____

_____

On My Mind 내 마음속

머릿속에 있는 것들을 그림이나 글로 표현하는 것을 mind map(마인드맵)이라고 하죠. 미국과 캐나다 초등학교 저학년에서는 그림을 그리거나 단어를 하나씩 써서 마인드맵을 표현해요. 학년이 올라갈수록 차츰 글로 정리하는 연습을 한답니다.

Wednesday, February 14

My family is on my mind.

I love my mom because she gives me hugs.

I love my dad because he helps me read.

I love my brother because he plays with me.

I love my dog because she greets me.

I love my family.

2월 14일, 수요일

우리 가족은 내 마음속에 있다. 엄마는 나를 꼭 안아주시니까 나는 우리 엄마를 사랑한다. 아빠는 내가 책 읽는 것을 도와주시니까 나는 우리 아빠를 사랑한다. 형은 나랑 같이 놀아주니까 나는 우리 형을 사랑한다. 강아지는 나를 반겨주니까 나는 우리 강아지를 사랑한다. 나는 우리 가족을 사랑한다.

앤디의 **패턴 확인하기**

위 일기에서 아래 패턴 표현들을 찾아 ☐ 표시하세요.

~ is on my mind ~은 내 마음속에 있다

I love my dog because ~니까 나는 우리 강아지를 사랑한다

70

A 단어를 듣고 따라 읽으며 써 보세요.

family 가족

mind 마음

love 사랑하다

hug 포옹

read 읽다

greet 맞다, 환영하다

B 각 그림에 맞는 단어를 찾아 연결하세요.

hug

love

mind

greet

family

read

①

My family **is on my mind.**

우리 **가족**은 내 마음속에 있다.

누군가 혹은 무언가가 내 마음속에 있다면 〈명사 + is on my mind〉로 표현해요. 주어가 단수일 때는 be동사 is를 쓰지만, 복수일 때는 are로 고쳐 써야 하니 주의하세요.

_____My best friend_____ Adam is on my mind.

> My best friend
> 나의 친한 친구

나의 친한 친구 아담은 내 마음속에 있다.

_____ on my mind.

> A happy memory
> 행복한 기억

행복한 기억이 내 마음속에 있다.

_____.

> A sad thought
> 슬픈 생각

슬픈 생각이 내 마음속에 있다.

②

I love my dog **because** she greets me.

강아지는 나를 반겨주니까 나는 우리 강아지를 사랑한다.

'때문에, ～하니까, 왜냐하면' 등과 같이 이유를 설명할 때는 접속사 because를 사용해요. because 뒤에는 '주어 + 동사' 형태의 완전한 문장이 와요.

I love my dog because she makes me smile.

> she makes me smile
> 나를 웃게 만든다

강아지는 나를 웃게 하니까 나는 우리 강아지를 사랑한다.

I love my dog _____.

> she is so cute
> 너무 귀엽다

강아지는 너무 귀여우니까 나는 우리 강아지를 사랑한다.

I _____.

> she protects me
> 나를 보호한다

강아지는 나를 보호해 주니까 나는 우리 강아지를 사랑한다.

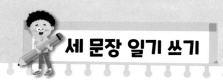
우리 가족에 대한 마인드맵을 만든다고 생각하며 다음 세 가지 질문에 답을 써 보세요.

1 Who is on your mind? 여러분의 마음속에는 누가 있나요?

예시 my family 우리 가족   my mom 우리 엄마   my dad 우리 아빠   my brother/sister 형제자매

_____ is on my mind.

2 Write the reason why you love your dad. 아빠를 사랑하는 이유를 써 보세요.

예시 he plays with me 나랑 놀아준다   he makes me laugh 나를 웃게 한다

I love my dad because _____ .

3 Write the reason why you love your mom. 엄마를 사랑하는 이유를 써 보세요.

예시 she gives me hugs 나를 안아준다   she makes me delicious food 나에게 맛있는 음식을 만들어준다

I love my mom because _____ .

위에서 쓴 세 문장을 연결해서 나만의 일기를 써 보세요.

_____

_____

_____

School Picture Day 학급 사진 찍는 날

우리나라는 주로 졸업하는 학년만 졸업 사진을 찍지만 캐나다를 포함한 북미에서는 새 학기가 시작되는 9월에 모든 학년이 학급 사진을 찍어요. 매 학년마다 사진을 찍는 거죠. 사진 찍는 날에는 모든 학생들이 예쁜 옷을 입고 사진을 찍어요.

Wednesday, September 28

It was Picture Day at school.

Everyone wore fancy clothes.

We went to the gym to take pictures.

There was a photographer and a big camera.

It's hard to smile in front of everyone.

But it was fun to see other kids pose.

9월 28일, 수요일

학교에서 학급 사진 찍는 날이었다. 모두 멋진 옷을 입고 왔다. 우리는 사진을 찍으러 체육관으로 갔다. 사진사와 커다란 카메라가 있었다. 모두의 앞에서 웃는 건 힘들다. 하지만 다른 애들이 포즈 취하는 걸 보는 건 재미있었다.

앤디의 패턴 확인하기

위 일기에서 아래 패턴 표현들을 찾아 ☐ 표시하세요.

It was ~이었다 **It's hard to** ~하는 것은 힘들다

74

 **단어 익히기**

A 단어를 듣고 따라 읽으며 써 보세요.

picture 사진

school 학교

clothes 옷

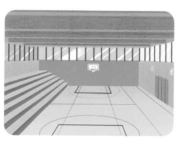

gym 체육관

camera 카메라

smile 웃다, 미소 짓다

B 각 단어들을 퍼즐에서 찾아 동그라미 하세요.

clothes		c	a	m	e	r	a	u	g
gym		s	m	i	l	e	g	d	y
picture		a	h	b	w	m	l	u	m
smile		c	l	o	t	h	e	s	z
school		t	p	i	c	t	u	r	e
camera		n	o	s	c	h	o	o	l

1

It was Picture Day.
학급 사진 찍는 날이었다.

날짜, 시간, 날씨, 계절 등을 나타낼 때는 주어 It을 사용하는데요, 이때 It은 '그것'이라고 해석하지 않아요. 학교에서 하는 행사를 말할 때도 〈It is + 행사〉로 표현해요. 과거의 일이라면 is 대신 was를 쓰죠. 행사는 그날 하루 있는 고유한 행사이니 대문자로 써야 해요.

It was ⸻ Election Day ⸻ •

선거일이었다.

Election Day
선거일

It was ⸻ •

조회 날이었다.

Assembly Day
조회 날

⸻ •

졸업식날이었다.

Graduation Day
졸업식날

2

It's hard to smile.
웃는 것은 힘들다

'～하다'라는 동사를 '～하는 것'으로 나타내기 위해 동사ing를 사용했었죠. 또다른 방법은 'to + 동사원형'으로 나타내는 거예요. '～하는 것은 힘들다'는 〈It's hard to + 동사원형〉으로 써요. It's는 It is의 줄임말이에요.

It's hard ⸻ to sing ⸻ •

노래하는 것은 힘들다.

sing
노래하다

It's ⸻ •

큰 소리로 말하는 것은 힘들다.

speak up
큰 소리로 말하다

⸻ •

발표하는 것은 힘들다.

show and tell
발표하다

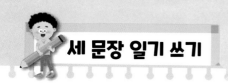

학교에서 있었던 행사를 떠올리며 다음 세 가지 질문에 답을 써 보세요.

1 What day did you have at school recently? 최근에 학교에서 무슨 날이 있었나요?

예시 Halloween Day 핼러윈데이　Childen's Day 어린이날　a drawing contest 그림 그리기 대회

It was _____ at school.

2 What did you do? 무엇을 했나요?

예시 wore costumes 복장을 입었다　wore fancy clothes 멋진 옷을 입었다　drew my family 우리 가족을 그렸다

I _____ .

3 How was it? 어땠나요?

예시 difficult 어려운　embarrassing 당황스러운, 창피한　fun 재미있는, 즐거운　awkward 어색한, 불편한

It was _____ .

위에서 쓴 세 문장을 연결해서 나만의 일기를 써 보세요.

_____

_____

_____

I Love Cartoons 만화가 너무 좋아

만화 보는 것을 좋아하나요? 우리는 영화나 TV에서 나오는 만화 영화를 애니메이션이라고 부르죠. 영어에서는 이러한 만화 영화를 모두 cartoon이라고 한답니다.

Monday, November 16

I love to watch cartoons.

My favorite cartoon is Pokémon.

It's super cute and fun.

But Mom thinks it's a waste of time.

Dad thinks it's OK.

And I think Dad is right.

11월 16일, 월요일

나는 만화 보는 걸 아주 좋아한다. 내가 가장 좋아하는 만화는 포켓몬이다. 아주 귀엽고 재미있다. 하지만 엄마는 만화가 시간 낭비라고 생각하신다. 아빠는 괜찮다고 생각하신다. 그리고 나는 아빠가 맞다고 생각한다.

앤디의 패턴 확인하기

위 일기에서 아래 패턴 표현들을 찾아 ☐ 표시하세요.

My favorite A is B 내가 가장 좋아하는 A는 B이다 **I think** 나는 ~라고 생각한다

A 단어를 듣고 따라 읽으며 써 보세요.

watch 보다

cartoon 만화, 만화 영화

favorite 가장 좋아하는

think 생각하다

waste 낭비, 허비

time 시간

B 각 그림에 맞는 단어를 찾아 연결하세요.

think

cartoon

time

waste

favorite

watch

①

My favorite cartoon is Pokémon.

내가 가장 좋아하는 **만화**는 **포켓몬**이다.

내가 가장 좋아하는 것이 무엇인지 나타낼 때는 〈My favorite A(명사) is + B(좋아하는 것)〉로 써요. favorite은 '가장 좋아하는'이라는 뜻으로 명사 앞에 쓰이는 형용사예요.

My favorite _____fruit_____ is ____strawberry____ .

내가 가장 좋아하는 과일은 딸기이다.

> fruit 과일,
> strawberry 딸기

My _____ is _____ .

내가 가장 좋아하는 스포츠는 축구이다.

> sport 스포츠,
> soccer 축구

_____ .

내가 가장 좋아하는 아침 식사는 시리얼이다.

> breakfast 아침 식사,
> cereal 시리얼

②

I think Dad is right.

나는 **아빠가 맞다고 생각**한다.

나의 의견을 나타낼 때는 〈I think + 주어 + 동사〉를 써서 '나는 ~라고 생각한다'로 말해요. '주어 + 동사'는 완전한 문장으로 써야 해요.

I think ___playing a team sport is good___ .

나는 팀 스포츠를 하는 것이 좋다고 생각한다.

> playing a team
> sport is good
> 팀 스포츠를 하는 것이 좋다

I _____ .

나는 영어가 재미있다고 생각한다.

> English is fun
> 영어는 재미있다

_____ .

나는 고양이는 완벽한 애완동물이라고 생각한다.

> cats are perfect pets
> 고양이는 완벽한 애완동물이다

내가 좋아하는 TV 프로그램이나 만화 혹은 게임에 대한 다음 세 가지 질문에 답을 써 보세요.

1 **What do you love to do?** 무엇을 하는 것을 좋아하나요?

예시 watch TV shows TV 프로그램 보기   watch cartoons 만화 보기   play games 게임하기

I love to _____.

2 **What is your favorite TV show/cartoon/game?** 가장 좋아하는 것은 무엇인가요?

예시 가장 좋아하는 TV 프로그램/만화/게임의 이름을 써 보세요.

My favorite _____.

3 **What do you think of it?** 그것에 대해 어떻게 생각하나요?

예시 it's so much fun 너무 재미있다   it's so cool 아주 멋지다   it's amazing 놀랍다

I think _____.

위에서 쓴 세 문장을 연결해서 나만의 일기를 써 보세요.

_____

_____

_____

Soccer Practice 축구 연습

우리나라는 축구나 야구가 인기 있지만, 미국은 풋볼(football)이라고 하는 미식축구와 야구가, 캐나다는 아이스하키가 대중적으로 인기가 많아요. 그렇다고 캐나다에서 축구나 야구를 안 하는 건 아니에요. 초등학생을 위한 취미 클럽이 많이 있고 남녀 모두 참여할 수 있어요.

Friday, May 22

I'm a big fan of soccer.

So I joined RH Soccer Club.

We practiced passing a ball today.

I missed the ball a few times.

But I kicked the ball better than last time.

I'm looking forward to the next game.

5월 22일, 금요일

나는 축구의 열렬한 팬이다. 그래서 RH 축구 클럽에 가입했다. 오늘 우리는 공을 패스하는 걸 연습했다. 나는 공을 몇 번이나 놓쳤다. 하지만 지난번보다는 공을 더 잘 찼다. 나는 다음 경기를 기대하고 있다.

앤디의
패턴
확인하기

위 일기에서 아래 패턴 표현들을 찾아 ☐ 표시하세요.

I'm a big fan of 나는 ~의 열렬한 팬이다

I'm looking forward to 나는 ~을 기대하고 있다

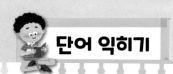

Date : _____, _____, _____

A 단어를 듣고 따라 읽으며 써 보세요.

fan 팬

soccer 축구

practice 연습하다

pass 패스하다

miss 놓치다

kick (발로) 차다

B 각 단어들을 퍼즐에서 찾아 동그라미 하세요.

practice	f	m	b	u	k	i	c	k
miss	a	i	w	p	s	b	m	e
soccer	n	s	s	o	c	c	e	r
fan	u	s	i	d	f	t	u	n
kick	p	r	a	c	t	i	c	e
pass	j	e	p	a	s	s	g	h

1

I'm a big fan of soccer.
나는 **축구**의 열렬한 팬이다.

무엇을 혹은 누군가를 엄청 좋아해서 그것의 열렬한 팬이라고 말하고 싶을 때는 〈I'm a big fan of + 좋아하는 사람/스포츠 등〉으로 표현해요. I'm은 I am의 줄임말이죠.

I'm a big fan of ___classical music___.
나는 클래식 음악의 열렬한 팬이다.

> classical music
> 클래식 음악

I'm a _____.
나는 야구의 열렬한 팬이다.

> baseball
> 야구

_____.
나는 한국 가요의 열렬한 팬이다.

> K-pop
> 한국 가요

2

I'm looking forward to the next game.
나는 **다음 경기**를 기대하고 있다.

look forward to는 '~을 기대하다'라는 뜻으로, 전치사 to 뒤에는 명사나 동사ing를 써요. 그래서 '나는 ~을 기대하고 있다'는 〈I'm looking forward to + 명사/동사ing〉로 표현해요.

I'm looking forward to ___the field trip___.
나는 현장 학습을 기대하고 있다.

> the field trip
> 현장 학습

I'm looking _____.
나는 여름 방학을 기대하고 있다.

> the summer vacation
> 여름 방학

_____.
나는 올림픽을 기대하고 있다.

> the Olympics
> 올림픽

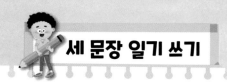

내가 가입한 스포츠 클럽이나 미술, 음악 동호회에 대한 다음 세 가지 질문에 답을 써 보세요.

1 What are you a big fan of? 무엇의 열렬한 팬인가요?

예시 superhero movies 슈퍼히어로 영화   baseball 야구   mystery novels 추리 소설

I'm a big fan of _____ .

2 Did you join any club? 동호회나 클럽에 가입했나요?

예시 movie club 영화 클럽   sports club 운동 클럽   baseball club 야구 클럽   book club 독서회

I joined the _____ .

3 What do you look forward to? 무엇을 기대하고 있나요?

예시 watching *Thor* '토르' 보기   the baseball game 야구 경기   reading new books 새로운 책 읽기

I'm looking forward to _____ .

위에서 쓴 세 문장을 연결해서 나만의 일기를 써 보세요.

My Bedroom 내 방

침대나 소파 옆에 두는 작은 사이드 테이블을 영어로는 bedside table 또는 nightstand라고 해요. 그리고 스탠드라고 하는 테이블 위의 조명은 lamp라고 한답니다. 거실에 놓는 키가 큰 스탠드는 stand lamp라고 말해요.

Thursday, March 7

My bedroom is bright in the morning.

The bed is on the left.

The nightstand is next to the bed.

The lamp is on the nightstand.

The desk is between the bed and the wardrobe.

I like my room very much.

3월 7일, 목요일

아침에 내 방은 밝고 환하다. 침대는 왼쪽에 있다. 사이드 테이블은 침대 옆에 있다. 스탠드는 테이블 위에 있다. 책상은 침대와 옷장 사이에 있다. 나는 내 방이 아주 좋다.

앤디의 패턴 확인하기

위 일기에서 아래 패턴 표현들을 찾아 ☐ 표시하세요.

next to ~ 옆에   **between A and B** A와 B 사이에

A 단어를 듣고 따라 읽으며 써 보세요.

bedroom 침실, 방

bright 밝은

left 왼쪽의

next to ~ 옆에

on ~ 위에

between ~ 사이에

B 각 그림에 맞는 단어를 찾아 연결하세요.

left

bedroom

between

next to

bright

on

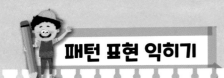

1

The nightstand is **next to** the bed.
사이드 테이블은 침대 옆에 있다.

'〜 옆에'라는 뜻의 전치사는 next to예요. next to 뒤에 명사를 써서 물건의 위치를 나타낼 수 있어요. 이와 같이 사람이나 물건의 위치를 나타내는 전치사는 in(〜 안에), on(〜 위에), under(〜 아래에), in front of(〜 앞에), behind(〜 뒤에) 등이 있어요.

The school is next to ___the library___.
학교는 도서관 옆에 있다.

> the library
> 도서관

Sean is _____.
션은 애셔 옆에 있다.

> Asher
> 애셔

_____.
내 도시락 가방은 소파 옆에 있다.

> my lunch bag
> 내 도시락 가방,
> the sofa 소파

2

The desk is **between** the bed **and** the wardrobe.
책상은 침대와 옷장 사이에 있다.

'A와 B 사이에'는 〈between A and B〉라는 표현을 사용해요. 전치사 between(사이에, 중간에) 뒤에 오는 A와 B 자리에는 명사를 써주면 됩니다.

The bed is between ___the dresser___ and ___the door___.
침대는 서랍장과 문 사이에 있다.

> the dresser 서랍장,
> the door 문

The TV is _____ and _____.
TV는 스탠드와 꽃병 사이에 있다.

> the lamp 스탠드,
> the vase 꽃병

Sam _____.
샘은 제이와 마크 사이에 있다.

> Jay 제이,
> Mark 마크

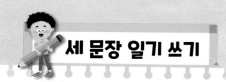

내 방의 가구나 물건의 위치를 떠올리며 다음 세 가지 질문에 답을 써 보세요.

1 **Where is the bed in your room?** 내 방에서 침대는 어디에 있나요?

예시 on the left 왼쪽에   on the right 오른쪽에   next to ~ 옆에

The bed is _____ .

2 **Where is the desk?** 책상은 어디에 있나요?

예시 next to ~ 옆에   in front of ~ 앞에   behind ~ 뒤에   between A and B A와 B 사이에

The desk is _____ .

3 **Where is the wardrobe?** 옷장은 어디에 있나요?

예시 next to ~ 옆에   in front of ~ 앞에   behind ~ 뒤에   between A and B A와 B 사이에

The wardrobe is _____ .

위에서 쓴 세 문장을 연결해서 나만의 일기를 써 보세요.

Day 19

New Year's Eve 새해 전날

1월 1일 새해를 New Year, 하루 전날은 New Year's Eve라고 해요. 우리나라의 보신각 타종 행사처럼 북미 지역에서는 뉴욕 타임스 스퀘어에서 하는 볼드랍 행사를 중계해 줘요. 워낙 땅이 커서 시차가 3개나 있다 보니 모든 사람들이 밤 12시에 카운트다운을 하지는 못해요.

Saturday, December 31

It's New Year's Eve.

My family had a small party.

We talked about our New Year's resolutions.

Mom asked me what I want to do next year.

I'm going to read more books.

I'm not going to yell at my brother.

12월 31일, 토요일

새해 전날이다. 우리 가족은 작은 파티를 했다. 우리는 새해 결심에 대해 이야기했다. 엄마는 나에게 내년에 무엇이 하고 싶은지 물으셨다. 나는 책을 더 많이 읽을 거다. 나는 형에게 소리 지르지 않을 거다.

앤디의 패턴 확인하기

위 일기에서 아래 패턴 표현들을 찾아 ☐ 표시하세요.

We talked about 우리는 ~에 대해 이야기했다

I'm not going to 나는 ~하지 않을 것이다

Date : _____, _____, _____

A 단어를 듣고 따라 읽으며 써 보세요.

new year 새해

_____

- - - - - - - - - - -

party 파티

_____

- - - - - - - - - - -

resolution 결심, 다짐

_____

- - - - - - - - - - -

ask 묻다, 물어 보다

_____

- - - - - - - - - - -

next 다음의

_____

- - - - - - - - - - -

yell 소리 지르다

_____

- - - - - - - - - - -

B 각 단어들을 퍼즐에서 찾아 동그라미 하세요.

party	a	b	m	n	e	w	y	e	a	r
ask	s	c	y	e	l	l	s	b	j	u
yell	k	z	i	y	p	a	r	t	y	l
new year	u	c	b	m	e	v	q	h	x	b
resolution	r	e	s	o	l	u	t	i	o	n
next	u	t	n	e	x	t	d	f	n	o

1

We talked about our New Year's resolutions.
우리는 **새해 결심**에 대해 이야기했다.

talk about은 '~에 대해 이야기하다'라는 뜻이에요. 무엇에 대해 이야기하는지 나타내려면 〈talk about + 명사/동사ing〉로 표현해요. talked는 talk(말하다, 이야기하다)의 과거형이에요.

We talked about ___the new teacher___.
우리는 새로운 선생님에 대해 이야기했다.

> the new teacher
> 새로운 선생님

We talked _____.
우리는 시험에 대해 이야기했다.

> the exam
> 시험

We _____.
우리는 겨울 방학에 대해 이야기했다.

> the winter vacation
> 겨울 방학

2

I'm not going to yell at my brother.
나는 **형에게 소리 지르**지 않을 것이다.

〈be going to + 동사원형〉은 앞으로 할 결심이나 마음가짐을 나타내며 '~할 것이다, ~할 예정이다'라는 의미죠. 부정문은 be동사 뒤에 not을 붙여서 '~하지 않을 것이다, ~하지 않을 예정이다'로 해석해요. be동사는 주어에 따라 am, are, is로 변한다는 것에 주의하세요.

I'm not going to ___stay up late___.
나는 늦게까지 깨어 있지 않을 것이다.

> stay up late
> 늦게까지 깨어 있다

I'm not _____.
나는 컴퓨터 게임을 하지 않을 것이다.

> play computer games
> 컴퓨터 게임을 하다

_____.
나는 거짓말을 하지 않을 것이다.

> tell a lie
> 거짓말을 하다

새해 맞이에 대한 다음 세 가지 질문에 답을 써 보세요.

1 **What did your family do on New Year's Eve?** 가족과 새해 전날에 무엇을 했나요?

예시 had a party 파티를 했다   visited our grandparents 우리 조부모님을 뵈러 갔다

We [   ] on New Year's Eve.

2 **What are you going to do next year?** 내년에 무엇을 할 계획인가요?

예시 listen to my parents 부모님 말씀을 잘 듣다   wake up early 일찍 일어나다   read more books 책을 많이 읽다

I'm going to [   ] next year.

3 **What are you not going to do?** 무엇을 하지 않을 계획인가요?

예시 be picky about food 편식하다   annoy my brother/sister 형제자매를 괴롭히다

I'm not going to [   ].

위에서 쓴 세 문장을 연결해서 나만의 일기를 써 보세요.

Day 20

A New Library 새 도서관

도서관에는 책을 빌리러 가기도 하고 공부를 하러 가기도 해요. 요즘에는 도서관에서 강연도 하고 다양한 전시나 공연을 하기도 하죠. 책을 빌리는 것을 borrow a book이라고 하고 책을 반납하는 것을 return the book이라고 합니다.

A new library is opening very soon.

The new building has many windows.

It's in front of the town swimming pool.

It takes 15 minutes to walk there.

Mom said I could go alone.

I'll go there every weekend.

10월 21일, 일요일

새 도서관이 곧 문을 열 거다. 새 건물에는 창문이 많이 있다. 그것은 마을 수영장 앞에 있다. 거기까지 걸어서 15분이 걸린다. 엄마는 나 혼자 가도 된다고 하셨다. 나는 매 주말마다 거기에 갈 거다.

앤디의 **패턴** 확인하기

위 일기에서 아래 패턴 표현들을 찾아 ☐ 표시하세요.

~ is 동사ing ~이 …할 것이다 **It takes ~ to** ~하는 데 …가 걸리다

94

A 단어를 듣고 따라 읽으며 써 보세요.

library 도서관

building 건물

window 창문

town 소도시, 동네

alone 혼자

weekend 주말

B 각 그림에 맞는 단어를 찾아 연결하세요.

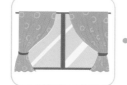

town

building

alone

weekend

library

window

1

A new library **is opening** very soon.
새 도서관이 곧 문을 열 것이다.

〈be동사 + 동사ing〉 표현으로 시간, 장소, 날짜가 정해진 미래에 일어날 일을 말할 수 있답니다. '～할 것이다' 또는 '～한다'로 해석해요. 이 표현에서 be동사는 주어에 따라 am, are, is로 바꿔서 써야 해요.

My aunt is ___getting married___ next week.

> get married
> 결혼하다

우리 이모는 다음 주에 결혼한다.

I am _____ for Canada soon.

> leave
> 떠나다

나는 곧 캐나다로 떠난다.

A new _____ next month.

> school 학교,
> open 문을 열다

새 학교가 다음 달에 문을 연다.

2

It takes 15 minutes **to** walk there.
거기까지 걸어가는 데 15분이 걸린다.

'～하는 데 …가 걸리다'는 〈It takes + 시간 + to + 동사원형〉 순으로 연결해서 표현해요. 시간의 자리에는 1 minute(1분), 2 hours(2시간), 3 weeks(3주)와 같은 시간이나 기간을 써주면 돼요.

It takes 30 minutes to ___finish lunch___ .

> finish lunch
> 점심 식사를 끝내다

점심 식사를 끝내는 데 30분이 걸린다.

It takes _____ to _____ .

> 1 hour 1시간,
> cook dinner
> 저녁 식사를 만들다

저녁 식사를 만드는 데 1시간이 걸린다.

It _____ .

> 15 minutes 15분,
> go home 집에 가다

집에 가는 데 15분이 걸린다.

우리 동네에 새로 생긴 시설에 대한 다음 세 가지 질문에 답을 써 보세요.

1 **What is opening in your neighborhood?** 우리 동네에 무엇이 새로 개장하나요?

예시 a bookstore 서점   a café 카페   a shopping mall 쇼핑몰   a department store 백화점

_____ is opening soon.

2 **Where is it?** 그 시설은 어디에 있나요?

예시 in front of ~ 앞에   next to ~ 옆에   the subway station 지하철역   the supermarket 슈퍼마켓

It's _____ .

3 **How long does it take to walk there?** 거기까지 걸어가는 데 시간이 얼마나 걸리나요?

예시 10 minutes 10분   20 minutes 20분   30 minutes 30분   1 hour 1시간

It takes _____ to walk there.

위에서 쓴 세 문장을 연결해서 나만의 일기를 써 보세요.

_____

_____

_____

스포츠 즐기기

캐나다 하면 아이스하키가 먼저 떠오를 만큼 캐나다 사람들은 아이스하키를 아주 좋아해요.
어릴 때부터 학교나 커뮤니티 팀에 들어가 취미 활동이나 선수 활동을 하는 사람들도 많습니다.
축구, 야구 등 다양한 스포츠 클럽들도 있어요. 앤디는 이번에 축구 클럽에 들어갔답니다.
캐나다에서 또 어떤 스포츠들을 즐길 수 있는지 볼까요?

Lacrosse 라크로스

Curling 컬링

Football 축구

Baseball 야구

Basketball 농구

Tennis 테니스

98

스포츠 스도쿠

가로와 세로, 그리고 같은 색으로 이루어진 칸에 아래의 공들이 반복되지 않고
한 번씩만 나오도록 그려보세요.

→ 정답은 157쪽에

Terry Fox Day 테리 팍스의 날

캐나다의 영웅 테리 팍스는 18살에 암에 걸려 오른쪽 다리를 잃고 의족을 끼게 되었어요.
그는 암 연구 기금을 모으기 위해 캐나다 횡단 마라톤을 뛰었어요. 끝내 완주하진 못했지만,
그가 남긴 뜻을 기리기 위해 매년 달리기 대회를 열고 공휴일을 만들어 기념하고 있답니다.

Tuesday, August 9

I learned about Terry Fox today.

He is the one who had cancer.

Because of that, he had a robot leg.

He is the one who never quit.

He ran across Canada to help others.

Although he couldn't finish it, we all remember him.

8월 9일, 화요일

나는 오늘 테리 팍스에 대해 배웠다. 그는 암에 걸린 사람이다. 그것 때문에 그는 로봇 다리를 가지게 되었다. 그는 절대 포기하지 않았던 사람이다. 그는 다른 사람들을 돕기 위해 캐나다를 횡단해서 뛰었다. 비록 그는 끝내지 못했지만, 우리는 모두 그를 기억한다.

앤디의 패턴 확인하기 위 일기에서 아래 패턴 표현들을 찾아 □ 표시하세요.

He is the one who 그는 ~한 사람이다 **Because of** ~ 때문에

A 단어를 듣고 따라 읽으며 써 보세요.

learn 배우다

today 오늘

robot 로봇

across 건너서, 가로질러

finish 끝내다

remember 기억하다

B 각 단어들을 퍼즐에서 찾아 동그라미 하세요.

today	c	y	f	i	n	i	s	h
across	r	e	m	e	m	b	e	r
learn	o	w	j	t	h	o	n	p
remember	b	c	l	e	a	r	n	f
finish	o	z	v	t	o	d	a	y
robot	t	r	a	c	r	o	s	s

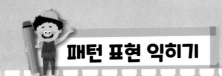

1

He is the one who had cancer.
그는 **암에 걸린** 사람이다.

우리말에서는 꾸며 주는 말이 모두 명사 앞에 오지만, 영어에서는 꾸며 주는 말이 길어지면 명사 뒤에 옵니다.
이때 꾸밈을 받는 명사가 사람이면 중간에 who(누구)를 넣어 〈He is the one who + 동사〉 형태로, '그는
～한 사람이다'라고 표현해요.

He is the one who ___won the first prize___ .

그는 1등을 한 사람이다.

> won the first prize
> 1등 상을 탔다

He is the one _____ .

그는 사진을 찍은 사람이다.

> took the photo
> 사진을 찍었다

He is _____ .

그는 리사를 놀린 사람이다.

> made fun of Lisa
> 리사를 놀렸다

2

Because of that, he had a robot leg.
그것 **때문에** 그는 로봇 다리를 가지게 되었다.

'～ 때문에'는 〈because of + 명사/동사ing〉로 표현해요. 일상생활에서 어떤 일의 이유나 변명을 말할 때 정말
자주 쓰는 표현이죠.

Because of ___the traffic jam___ , I was late.

교통 체증 때문에 나는 늦었다.

> the traffic jam
> 교통 체증

Because _____ , my shoes were wet.

비 때문에 내 신발이 젖었다.

> the rain
> 비

_____ , we were excited.

공휴일 때문에 우리는 신이 났다.

> the holiday
> 공휴일

남을 위해 자신을 희생한 사람을 떠올리며 다음 세 가지 질문에 답을 써 보세요.

1 **Do you think of anyone who is like Terry Fox?** 테리 팍스 같은 사람은 누가 있을까요?

예시 Mother Teresa 마더 테레사   Yu Gwan-sun 유관순   Kim Gu 김구

_____ is like Terry Fox.

2 **What did he/she do?** 그 사람은 무엇을 했나요?

예시 helped the poor 가난한 사람들을 도왔다   fought for the independence 독립을 위해 싸웠다

He/She _____ .

3 **What can we do to remember him/her?** 그 사람을 기억하기 위해 무엇을 할 수 있나요?

예시 help others 다른 사람들을 돕다   honor National Liberation Day 광복절을 기념하다

We can _____ to remember him/her.

위에서 쓴 세 문장을 연결해서 나만의 일기를 써 보세요.

A Broken Vase 깨진 꽃병

listen은 '음악을 듣다'라는 뜻으로 많이 쓰이지만 '다른 사람의 말을 귀 기울여 듣다' 혹은 '새겨 듣다'라는 뜻도 있어요. 그래서 엄마나 아빠가 가장 많이 하는 말들 중 하나인 '말 좀 들어라.'는 Please listen.이라고 말해요.

Wednesday, June 15

I played catch with my brother in the house.

Actually, Dad already told us not to do that.

But I threw the ball and it hit a vase.

It broke and Dad was disappointed.

He explained about our bad behavior.

We promised to listen.

6월 15일, 수요일

나는 형이랑 집에서 공놀이를 했다. 사실은

아빠가 이미 그러지 말라고 말씀하셨었다.

그렇지만 나는 공을 던졌고 꽃병에 부딪혔다.

꽃병은 깨져버렸고 아빠는 실망하셨다.

아빠는 우리의 나쁜 행동에 대해 설명하셨

다. 우리는 말을 잘 듣기로 약속했다.

앤디의
패턴
확인하기

위 일기에서 아래 패턴 표현들을 찾아 ☐ 표시하세요.

told us not to 우리에게 ~하지 말라고 말했다

We promised to 우리는 ~하기로 약속했다

A 단어를 듣고 따라 읽으며 써 보세요.

throw 던지다

hit ~과 부딪히다

vase 꽃병

break 깨지다

bad 안 좋은, 나쁜

promise 약속하다

B 각 그림에 맞는 단어를 찾아 연결하세요.

throw

break

vase

promise

bad

hit

1

Dad **told us not to** do that.
아빠는 우리에게 **그러지 말**라고 하셨다.

'~에게 …하라고 말하다'는 〈tell + 사람 + to + 동사원형〉의 형태로 표현할 수 있어요. 반대로 '~에게 …하지 말라고 말하다'는 to 앞에 not을 붙여주면 되죠. 과거일 때는 동사 tell(알리다, 말하다)의 과거형인 told를 써요.

Dad told us not to _____fight_____ .
아빠는 우리에게 싸우지 말라고 하셨다.

> fight
> 싸우다

Mom told us _____ .
엄마는 우리에게 물을 낭비하지 말라고 하셨다.

> waste water
> 물을 낭비하다

Dad _____ .
아빠는 우리에게 TV를 너무 많이 보지 말라고 하셨다.

> watch TV too much
> TV를 너무 많이 보다

2

We **promised to** listen.
우리는 **말을 잘 듣**기로 약속했다.

동사 promise는 '약속하다'라는 의미예요. 뒤에 말을 더 길게 써서 '우리는 ~하기로 약속했다'라고 말하고 싶다면 〈We promised to + 동사원형〉으로 쓰면 됩니다. promised는 promise의 과거형이에요.

We promised to _____write an email_____ .
우리는 이메일을 쓰기로 약속했다.

> write an email
> 이메일을 쓰다

We _____ .
우리는 서로를 돕기로 약속했다.

> help each other
> 서로를 돕다

_____ .
우리는 예의를 지키기로 약속했다.

> be polite
> 예의 바르다

부모님께 혼났던 기억을 떠올리며 다음 세 가지 질문에 답을 써 보세요.

1 **What did your parents tell you to do?** 부모님이 무엇을 하라고 했나요?

예시 listen 말을 듣다   be quiet at meals 식사 시간에 조용히 하다   clean the room 방을 청소하다

My parents told me to _____ .

2 **What did your parents tell you not to do?** 부모님이 무엇을 하지 말라고 했나요?

예시 jump in the house 집 안에서 뛰다   shout 소리치다   run around at meals 식사 시간에 뛰어다니다

My parents told me not to _____ .

3 **What did you promise?** 무엇을 약속했나요?

예시 listen to my parents 부모님 말씀을 듣다   behave well 예의 바르게 행동하다

I promised to _____ .

위에서 쓴 세 문장을 연결해서 나만의 일기를 써 보세요.

_____

_____

_____

Yes Parents 예스를 말하는 부모님

no는 글의 내용에 따라 '싫어, 안 돼, 아니오' 등의 의미로 쓰일 수 있어요. 조금 더 강하게 말하고 싶다면 never를 써서 '절대 ~아니다'라고 표현해요. 또 다른 부정의 표현으로는 No way!가 있어요. "말도 안 돼!"라는 뜻이랍니다.

Thursday, July 4

Mom and Dad always say no to me.

"No, Andy!" "No, you can't do that."

When I become a dad, I will always say yes.

"Yes, you can." "Sure!"

I don't understand why they can't do that.

I will be a cool parent.

7월 4일, 목요일

엄마와 아빠는 나에게 항상 안 된다고 말씀하신다. "안 돼, 앤디!" "너 그거 하면 안 돼." 내가 나중에 아빠가 되면 나는 항상 "그래"라고 할 거다. "그래, 그거 해." "물론이지!" 나는 왜 엄마, 아빠가 그렇게 못하시는지 이해가 안 된다. 나는 멋있는 부모가 될 거다.

앤디의 **패턴** 확인하기

위 일기에서 아래 패턴 표현들을 찾아 ☐ 표시하세요.

I don't understand why 나는 왜 ~하는지 이해가 안 된다

I will be 나는 ~할 것이다

Date : _____, _____, _____

A 단어를 듣고 따라 읽으며 써 보세요.

always 항상

say 말하다

no 아니, 안 돼

yes 응, 그래

understand 이해하다

parent 부모

B 각 단어들을 퍼즐에서 찾아 동그라미 하세요.

no	n	i	e	m	a	l	w	a	y	s
always	u	n	d	e	r	s	t	a	n	d
say	d	p	i	t	g	k	x	p	z	m
parent	y	r	p	a	r	e	n	t	i	s
understand	c	e	b	x	w	q	r	u	o	a
yes	o	n	s	y	b	n	o	v	s	y

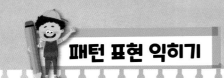

①

I don't understand why they can't do that.
나는 왜 **그들이 그렇게 못하**는지 이해가 안 된다.

'나는 이해하지 못한다'는 I don't understand라는 표현을 사용해요. 그리고 뒤에 〈의문사 + 주어 + 동사〉를 연결해서 좀 더 자세히 설명할 수 있죠. 의문사는 who(누가), what(무엇을), when(언제), where(어디서), why(왜), how(어떻게)를 말해요. '주어 + 동사'는 완전한 문장으로 씁니다.

I don't understand why _Annie likes Ben_ .
나는 왜 애니가 벤을 좋아하는지 이해가 안 된다.

> Annie likes Ben
> 애니가 벤을 좋아하다

I don't understand _____ .
나는 왜 여전히 추운지 이해가 안 된다.

> it is still cold
> 여전히 춥다

I don't _____ .
나는 왜 그가 화났는지 이해가 안 된다.

> he is angry
> 그가 화났다

②

I will be a cool parent.
나는 **멋진 부모**가 될 것이다.

will은 '~할 것이다'라는 뜻으로, be going to와 마찬가지로 미래를 나타내는 말이에요. will 뒤에는 항상 동사원형을 써야 하죠. '나는 ~할 것이다'는 〈I will be + 명사/형용사〉로 표현해요.

I will be _an astronaut_ .
나는 우주 비행사가 될 것이다.

> an astronaut
> 우주 비행사

I will _____ .
나는 선생님이 될 것이다.

> a teacher
> 선생님

_____ .
나는 좋은 친구가 될 것이다.

> a good friend
> 좋은 친구

부모님을 떠올리며 다음 세 가지 질문에 답을 써 보세요.

1 **What does your parent usually say?** 부모님이 주로 뭐라고 말씀하시나요?

예시 yes 응, 그래　no 아니, 안 돼

My parents usually say _____ to me.

2 **What do you think about your parents?** 부모님을 어떻게 생각하세요?

예시 great 대단한　cool 멋진　perfect 완벽한

I think my parents are _____ .

3 **What kind of parent will you be?** 나는 어떤 부모님이 될 건가요?

예시 a great parent 대단한 부모　a kind parent 친절한 부모　a perfect parent 완벽한 부모

I will be _____ .

위에서 쓴 세 문장을 연결해서 나만의 일기를 써 보세요.

A Surprise Party for Dad
아빠를 위한 깜짝 파티

깜짝 파티를 준비해 본 적 있나요? 몰래 파티를 준비한 다음, 주인공이 오면 Surprise!라고 외치죠. surprise는 '놀라움'이라는 명사 뜻도 있지만 '~를 놀래키다'라는 동사 뜻도 있어요.

Saturday, March 26

It was Dad's birthday.

We planned a surprise party for him.

I promised not to tell anyone.

We got him a cake and new earphones.

When Dad came home, we turned on the light.

Surprise! Happy birthday, Dad!

3월 26일, 토요일

아빠의 생일이었다. 우리는 아빠를 위해 깜짝 파티를 계획했다. 나는 아무에게도 말하지 않기로 약속했다. 우리는 아빠에게 케이크와 새 이어폰을 사주었다. 아빠가 집에 왔을 때 우리는 불을 켰다. 서프라이즈! 생일 축하해요, 아빠!

앤디의
패턴
확인하기

위 일기에서 아래 패턴 표현들을 찾아 ☐ 표시하세요.

We got him 우리는 그에게 ~을 사주었다 **When ~** ~했을 때

Date : _____, _____, _____

A 단어를 듣고 따라 읽으며 써 보세요.

plan 계획하다

surprise 놀라움; 놀래키다

cake 케이크

new 새, 새로운

turn on (TV, 전기 등을) 켜다

light 불, 전등

B 각 그림에 맞는 단어를 찾아 연결하세요.

turn on

plan

cake

light

new

surprise

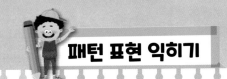

❶

We got him a cake and new earphones.
우리는 그에게 케이크와 새 이어폰을 사주었다.

동사 get은 여러 의미로 쓰입니다. 그 중 '~에게 …을 사주다'라는 뜻이 있어요. give처럼 〈주어 + get + 사람 + 물건〉의 순서로 나타내요. get의 과거형은 got이에요.

We got him ___a new cell phone___ .
우리는 그에게 새 휴대폰을 사주었다.

> a new cell phone
> 새 휴대폰

We got _____ .
우리는 그에게 새 배낭을 사주었다.

> a new backpack
> 새 배낭

We _____ .
우리는 그에게 미술 용품을 사주었다.

> some art supplies
> 미술 용품

❷

When Dad came home, we turned on the light.
아빠가 집에 왔을 때 우리는 불을 켰다.

접속사 when은 뒤에 나오는 〈주어 + 동사〉 문장에 시간의 의미를 부여해 줘요. '~이 …할 때'라는 의미가 되죠. 의문사 when은 '언제'라는 뜻이니 주의하세요.

When ___it was 7 o'clock___ , **we turned on the light.**
7시가 되었을 때 우리는 불을 켰다.

> it was 7 o'clock
> 7시였다

_____ , **we turned on the light.**
Ann이 들어왔을 때 우리는 불을 켰다.

> Ann came in
> Ann이 들어왔다

_____ , **we turned on the light.**
그가 도착했을 때 우리는 불을 켰다.

> he arrived
> 그가 도착했다

세 문장 일기 쓰기

가족이나 친구에게 생일 파티를 해주었을 때를 떠올리며 다음 세 가지 질문에 답을 써 보세요.

1 **Who did you plan a birthday party for?** 누구를 위해 생일 파티를 계획했나요?

예시 Dad 아빠   Mom 엄마   my brother/sister 형제자매   my friend 내 친구

I planned a birthday party for _____ .

2 **What did you give him/her?** 그 사람에게 무엇을 주었나요?

예시 어떤 선물을 했는지 써 보세요.

I got him/her _____ .

3 **How did it go?** 어땠나요? 잘 진행되었나요?

예시 successful 성공적   excellent 훌륭한   super fun 대단히 재미있는

It was _____ .

위에서 쓴 세 문장을 연결해서 나만의 일기를 써 보세요.

Too Old for Halloween 핼러윈은 유치해

핼러윈 분장도 연령대에 따라 다르답니다. 4~5세까지는 대부분 공주나 요정, 슈퍼히어로로 분장을 많이 해요. 초등학교 저학년은 마녀, 해골 등의 복장을 입고 고학년으로 갈수록 공포영화에 나오는 캐릭터로 많이 분장해요.

Monday, October 31

It's Halloween today.

I don't get excited anymore.

But there was a Halloween Parade at school.

So I dressed up as a skeleton.

Superhero costumes are for little kids.

I think I'm too old for Halloween.

10월 31일, 월요일

오늘은 핼러윈이다. 나는 더 이상 설레지 않는다. 하지만 학교에서 핼러윈 퍼레이드가 있었다. 그래서 나는 해골 분장을 했다. 슈퍼히어로 복장은 어린 애들이나 입는 거다. 나는 핼러윈을 즐기기에 나이가 너무 많은 것 같다.

 앤디의
패턴
확인하기

위 일기에서 아래 패턴 표현들을 찾아 ☐ 표시하세요.

I dressed up as 나는 ~ 분장을 했다
~ are for little kids ~은 어린 애들을 위한 것이다

116

Date : _____, _____, _____

A 단어를 듣고 따라 읽으며 써 보세요.

excited 신이 난, 들뜬

_____

parade 퍼레이드

_____

dress 옷을 입다

_____

skeleton 해골

_____

costume 의상

_____

old 나이가 많은

_____

B 각 단어들을 퍼즐에서 찾아 동그라미 하세요.

parade	b	e	d	r	e	s	s	t	p
skeleton	c	o	s	t	u	m	e	y	a
excited	r	j	t	e	v	c	u	o	r
dress	h	c	o	t	b	v	p	l	a
old	n	e	x	c	i	t	e	d	d
costume	s	k	e	l	e	t	o	n	e

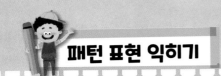

❶

I dressed up as a skeleton.

나는 **해골** 분장을 했다.

'나는 ~처럼 차려입었다, ~으로 분장했다'는 〈I dressed up as + 명사〉로 표현해요. 전치사 as는 '~처럼'을 나타내고 뒤에는 항상 명사가 와요. dressed는 dress(차려입다)의 과거형 동사예요.

I dressed up as _____Spider-Man_____.

나는 스파이더맨 분장을 했다.

> Spider-Man
> 스파이더맨

I dressed _____.

나는 마녀 분장을 했다.

> a witch
> 마녀

_____.

나는 좀비 분장을 했다.

> a zombie
> 좀비

❷

Superhero costumes are for little kids.

슈퍼히어로 복장은 어린 애들을 위한 것이다.

'~를 위한'이라고 할 때는 전치사 for를 써요. 그래서 '~은 어린 애들을 위한 것이다'는 〈주어(명사) + are for little kids〉로 나타내요. 주어가 단수이면 is, 복수이면 are를 쓰는 것에 주의하세요.

_____Blocks_____ **are for little kids.**

블록은 어린 애들을 위한 것이다.

> Blocks
> 블록

_____ **are for little kids.**

세발자전거는 어린 애들을 위한 것이다.

> Tricycles
> 세발자전거

_____ **are for little kids.**

무릎 보호대는 어린 애들을 위한 것이다.

> Knee pads
> 무릎 보호대

세 문장 일기 쓰기

작년 핼러윈을 떠올리며 다음 세 가지 질문에 답을 써 보세요.

① **What did you dress up as?** 무엇으로 분장했나요?

예시 a Ninja 닌자 a vampire 뱀파이어 a skeleton 해골 a pirate 해적

I dressed up as _____.

② **What did your friend dress up as?** 친구는 무엇으로 분장했나요?

예시 a Ninja 닌자 a vampire 뱀파이어 a skeleton 해골 a pirate 해적

My friend dressed up as _____.

③ **Do you think you're too old for Halloween?** 핼러윈을 즐기기에 나이가 많다고 생각하나요?

예시 too old 나이가 너무 많은 too young 나이가 너무 어린 perfect 딱 좋은

I think I'm _____ for Halloween.

위에서 쓴 세 문장을 연결해서 나만의 일기를 써 보세요.

Day 26

I Want a Smartphone 스마트폰이 갖고 싶어

캐나다에서 실제로 스마트폰을 가지고 있는 초등학생은 매우 드물어요. 우리나라와 다르게 부모님들이 모든 곳을 차로 데려다주고 데려오는 문화가 있어 스마트폰을 가지고 있을 일이 적기 때문이에요. 대부분의 부모님들은 초등학생 5~6학년 때쯤에 태블릿을 사주기 시작해요.

I really want to have a smartphone.

Some of my friends already have one.

Yesterday I asked Mom to get me a smartphone.

But Mom's not allowing me to have one.

She thinks I'm too young to have it.

Maybe I'll ask Grandma later.

7월 23일, 금요일

나는 스마트폰이 정말로 갖고 싶다. 내 친구들 몇 명은 이미 갖고 있다. 어제 나는 엄마에게 스마트폰을 사달라고 부탁했다. 하지만 엄마는 내가 스마트폰을 가지는 걸 허락하지 않으신다. 엄마는 내가 스마트폰을 가지기에는 너무 어리다고 생각하신다. 나중에 할머니에게 부탁할까 보다.

앤디의
패턴
확인하기

위 일기에서 아래 패턴 표현들을 찾아 ☐ 표시하세요.

I asked Mom to 나는 엄마에게 ~라고 부탁했다

I'm too young to 나는 ~하기에는 너무 어리다

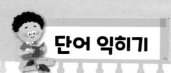
A 단어를 듣고 따라 읽으며 써 보세요.

want 원하다

smartphone 스마트폰

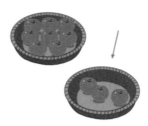

some 조금, 몇몇의

yesterday 어제

allow 허락하다

young 어린

B 각 그림에 맞는 단어를 찾아 연결하세요.

want

some

yesterday

allow

smartphone

young

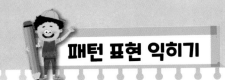
1

I asked Mom to get me a smartphone.
나는 엄마에게 **스마트폰을 사달**라고 부탁했다.

동사 ask는 '묻다'라는 뜻으로 제일 많이 쓰이지만 '부탁하다, 요청하다'라는 뜻으로도 쓰여요. '나는 ~에게 …라고 부탁했다'는 〈I asked + 사람 + to + 동사원형〉의 형태로 표현합니다. asked는 ask의 과거형이에요.

I asked Mom to ___help me___.
나는 엄마에게 나를 도와달라고 부탁했다.

> help me
> 나를 돕다

I asked Mom _____.
나는 엄마에게 방에서 나가달라고 부탁했다.

> leave the room
> 방에서 나가다, 떠나다

I asked _____.
나는 엄마에게 선생님에게 전화해달라고 부탁했다.

> call the teacher
> 선생님에게 전화하다

2

I'm too young to have one.
나는 **그것을 가지기**에는 너무 어리다.

too는 형용사나 부사 앞에서 '너무 ~한'이라는 뜻으로 쓰이고 부정적인 의미를 나타내죠. '나는 ~하기에는 너무 …하다'는 〈I'm too + 형용사/부사 + to + 동사원형〉 순으로 써요. 문장이 부정의 의미를 가지고 있으니 사용할 때 주의하세요.

I'm too young to ___go swimming by myself___.
나는 혼자서 수영을 하러 가기에는 너무 어리다.

> go swimming by myself
> 혼자서 수영하러 가다

I'm too young _____.
나는 자전거를 타기에는 너무 어리다.

> ride a bike
> 자전거를 타다

_____.
나는 커피를 마시기에는 너무 어리다.

> drink coffee
> 커피를 마시다

스마트폰에 대한 다음 세 가지 질문에 답을 써 보세요.

1 **Do you have a smartphone?** 여러분은 스마트폰을 가지고 있나요?

예시 have 있다   don't have 없다(가지고 있지 않다)

I [   ] a smartphone.

2 **Who has a smartphone in your class?** 여러분 반에 누가 스마트폰을 가지고 있나요?

예시 스마트폰을 가지고 있는 친구의 이름을 써 보세요.

[   ] has/have a smartphone.

3 **What do you usually do with it?** 스마트폰으로 주로 무엇을 하나요?

예시 listen to music 음악을 듣다   play games 게임을 하다   watch YouTube 유튜브를 보다

I usually [   ] with my smartphone.

위에서 쓴 세 문장을 연결해서 나만의 일기를 써 보세요.

What I Do Best 내가 제일 잘하는 것

자존감이라는 단어를 알고 있나요? 영어로 self-esteem이라고 하는 이 말은 자신을 존중하고 사랑하는 마음이에요. 다른 사람이 인정해 주는 것과 상관없이 본인을 있는 그대로 받아들이고 그 모습을 긍정적으로 받아들이는 모습이랍니다.

Sunday, February 9

Playing soccer is what I enjoy best.

Cleaning is what I enjoy the least.

Reading is what I do before I go to bed.

Stretching is what I do after I wake up.

Listening to my friends is what I do best.

I'm proud of myself for doing all these things.

2월 9일, 일요일

축구는 내가 가장 즐기는 것이다. 청소는 내가 가장 즐기지 않는 것이다. 책 읽는 것은 내가 자기 전에 하는 것이다. 스트레칭은 내가 깨어난 후 하는 것이다. 내 친구들의 얘기를 들어주는 것은 내가 가장 잘하는 것이다. 이 모든 것을 하는 내 자신이 자랑스럽다.

앤디의 패턴 확인하기

위 일기에서 아래 패턴 표현들을 찾아 ☐ 표시하세요.

Playing soccer is what 축구는 ~이다
I'm proud of myself for ~하는 내 자신이 자랑스럽다

124

A 단어를 듣고 따라 읽으며 써 보세요.

clean 청소하다

go to bed 잠자리에 들다

stretch 스트레칭하다

wake up (잠에서) 깨다

listen 듣다

proud 자랑스러워하는

B 각 단어들을 퍼즐에서 찾아 동그라미 하세요.

go to bed	f	l	i	s	t	e	n	v	p
clean	k	x	m	a	b	p	y	c	r
wake up	g	o	t	o	b	e	d	l	o
stretch	z	b	w	c	y	u	c	e	u
proud	s	t	r	e	t	c	h	a	d
listen	w	a	k	e	u	p	r	n	q

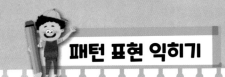
①

Playing soccer is what I enjoy best.
축구는 내가 가장 즐기는 것이다.

의문사 중에서 대표적이라고 할 수 있는 what은 '무엇'이라는 뜻이에요. 그런데 〈what + 주어 + 동사〉 순으로 문장 속에 들어가면 '~가 …하는 것'을 나타냅니다.

Playing soccer is what I want to do well .
축구는 내가 잘하고 싶은 것이다.

> I want to do well
> 내가 잘하고 싶다

Playing soccer is _____ .
축구는 내가 좋아하는 것이다.

> I like
> 내가 좋아하다

_____ .
축구는 내가 매일 하는 것이다.

> I do every day
> 내가 매일 하다

②

I'm proud of myself for doing all these things.
이 모든 것을 하는 내 자신이 자랑스럽다.

'~을 자랑스럽게 여기다'는 be proud of라는 표현을 써요. 여기에서 '~하는 내 자신이 자랑스럽다'는 〈I'm proud of myself for + 명사/동사ing〉로 나타내요. 대명사 myself는 '나 자신'을 뜻해요.

I'm proud of myself for winning the prize .
상을 탄 내 자신이 자랑스럽다.

> win the prize
> 상을 타다

I'm proud of myself _____ .
엄마를 돕는 내 자신이 자랑스럽다.

> help my mom
> 엄마를 돕다

I'm proud of _____ .
빨리 달리는 내 자신이 자랑스럽다.

> run fast
> 빨리 달리다

126

나의 일상에 대한 다음 세 가지 질문에 답을 써 보세요.

1 **What do you do after you wake up?** 일어나서 무엇을 하나요?

예시 brushing teeth 이 닦기   stretching 스트레칭 하기   waking up my brother/sister 형제자매 깨우기

is what I do after I wake up.

2 **What do you do every day?** 무엇을 매일 하나요?

예시 studying 공부   playing basketball 농구하기   keeping a diary 일기 쓰기

is what I do every day.

3 **What do you do before you go to bed?** 자기 전에 무엇을 하나요?

예시 cleaning my room 내 방 청소하기   doing homework 숙제하기   reading books 독서하기

is what I do before I go to bed.

위에서 쓴 세 문장을 연결해서 나만의 일기를 써 보세요.

Welcome to Canada! 어서 와, 캐나다로!

캐나다는 우리나라보다 더 북쪽에 있어서 겨울이 길고 추워요. 그 덕분에 일부 지역에서는 겨울밤에 아름다운 오로라(aurora)를 볼 수 있답니다. 캐나다에서는 보통 northern lights라고 불러요. 1시간 정도 운전해서 도시를 벗어나 어두운 곳에서만 오로라를 관측할 수 있어요.

Saturday, January 17

Have you ever been to Canada?

Canada is a big country.

Canada is famous for polar bears, maple syrup, and hockey.

The winter is super long and cold.

You can also see the northern lights.

You should come and visit Canada!

1월 17일, 토요일

캐나다에 가 본 적 있니? 캐나다는 아주

큰 나라야. 캐나다는 북극곰, 메이플 시럽,

그리고 아이스하키로 유명해. 겨울은 아주

길고 춥지. 오로라도 볼 수 있어. 캐나다로

놀러 와!

앤디의 패턴 확인하기

위 일기에서 아래 패턴 표현들을 찾아 ☐ 표시하세요.

Have you ever been to ~에 가 본 적 있니?

~ is famous for ~은 …으로 유명하다

A 단어를 듣고 따라 읽으며 써 보세요.

country 국가, 나라

famous 유명한

polar bear 북극곰

maple 단풍나무

winter 겨울

visit 방문하다

B 각 그림에 맞는 단어를 찾아 연결하세요.

- maple •
- country •
- visit •
- famous •
- polar bear •
- winter •

1

Have you ever been to Canada?
캐나다에 가 본 적 있니?

과거부터 지금 현재까지 어떤 장소나 도시에 가 본 적 있냐고 물을 때는 〈Have you ever been to + 장소/도시/나라 이름?〉으로 물어요.

Have you ever been to _____ Korea _____ ?
한국에 가 본 적 있어요?

Korea
한국

Have you _____ ?
멕시코에 가 본 적 있어요?

Mexico
멕시코

_____ ?
독일에 가 본 적 있어요?

Germany
독일

2

Canada is famous for polar bears.
캐나다는 북극곰으로 유명하다.

'~은 …으로 유명하다'는 〈주어 + is famous for + 유명한 이유〉로 표현해요. famous는 '유명한'이라는 뜻의 형용사이죠. 전치사 for 뒤에는 유명한 이유를 명사 또는 동사ing로 써요.

Gyeongju is famous for _____ Bulguksa _____ .
경주는 불국사로 유명하다.

Bulguksa
불국사

London is famous _____ .
런던은 런던 브릿지로 유명하다.

London Bridge
런던 브릿지

Korea _____ .
한국은 김치로 유명하다.

kimchi
김치

세 문장 일기 쓰기

외국 친구에게 한국을 소개한다고 생각하며 다음 세 가지 질문에 답을 써 보세요.

1 **Ask if your friend has been to Korea.** 친구가 한국에 와본 적 있는지 물어보세요.

예시 한국의 유명한 도시 이름을 써서 물어볼 수도 있어요.

Have you ever been to _____ ?

2 **What is Korea famous for?** 한국은 무엇으로 유명한가요?

예시 K-pop 한국 가요   kimchi 김치   bulgogi 불고기   taekwondo 태권도

Korea is famous for _____ .

3 **What can you do in Korea?** 한국에서 무엇을 할 수 있나요?

예시 see K-pop stars 케이팝 스타를 보다   try on hanbok 한복을 입어보다   visit Buddhist temples 사찰을 방문하다

You can _____ in Korea.

위에서 쓴 세 문장을 연결해서 나만의 일기를 써 보세요.

Catching a Cold 감기에 걸렸어

우리나라는 감기에 걸리면 유자차나 생강차를 많이 마시죠? 서양에서는 chicken soup라고 하는 닭고기 수프를 끓여 먹어요. 버터에 볶은 파스타 면과 감자, 양파, 샐러리 등의 야채에 닭 육수를 부어 만든 수프예요. 속을 따뜻하게 해 감기를 낫게 해준다고 해요.

Wednesday, May 31

I have a runny nose and sore throat.

I think I'm catching a cold.

I'm feeling really tired.

What if it's the flu?

I hope I don't have to go to school tomorrow.

But maybe Mom won't let me do that.

5월 31일, 수요일

콧물이 흐르고 목이 따끔거린다. 감기에 걸리는 것 같다. 정말 피곤하다. 독감이면 어떡하지? 내일 학교에 안 가도 되면 좋겠다. 하지만 엄마는 허락하지 않으실지도 모르겠다.

앤디의
패턴
확인하기

위 일기에서 아래 패턴 표현들을 찾아 □ 표시하세요.

I don't have to 나는 ~하지 않아도 된다
Mom won't let me 엄마는 내가 ~하는 것을 허락하지 않을 것이다

A 단어를 듣고 따라 읽으며 써 보세요.

nose 코

throat 목구멍, 목

cold 감기

feel 느끼다

tired 피곤한

hope 바라다, 희망하다

B 각 단어들을 퍼즐에서 찾아 동그라미 하세요.

tired		t	v	c	o	l	d	h	f
cold		h	m	d	e	f	b	m	e
feel		r	k	n	o	s	e	w	e
throat		o	p	u	b	z	q	b	l
hope		a	g	c	h	o	p	e	z
nose		t	i	r	e	d	t	w	a

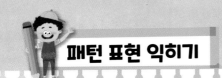

1

I don't have to go to school.
나는 **학교에 가지** 않아도 된다.

have to는 '~해야 한다'라는 의무를 나타내요. 부정문에서는 have to 앞에 don't를 붙여서 '~하지 않아도 된다, ~할 필요가 없다'가 돼요. 그래서 '나는 ~하지 않아도 된다'는 〈I don't have to + 동사원형〉으로 써요.

I don't have to _do my homework_ .
나는 숙제를 하지 않아도 된다.

> do my homework
> 숙제를 하다

I don't _____ .
나는 방 청소를 하지 않아도 된다.

> clean the room
> 방을 청소하다

I _____ .
나는 모든 경주에서 이기지 않아도 된다.

> win every race
> 모든 경주에서 이기다

2

Mom won't let me do that.
엄마는 내가 **그걸 하는 것**을 허락하지 않을 것이다.

동사 let은 '~을 허락하다'라는 뜻이에요. '~에게 …을 허락하다'는 〈let + 사람 + 동사원형〉의 형태로 써요. 부정의 의미로 쓸 때는 let 앞에 won't를 붙여요. won't는 will not(~하지 않을 것이다)의 줄임말이에요.

Mom won't let me _have a pajama party_ .
엄마는 내가 파자마 파티를 하는 것을 허락하지 않을 것이다.

> have a pajama party
> 파자마 파티를 하다

Mom won't let _____ .
엄마는 내가 스마트폰을 가지는 것을 허락하지 않을 것이다.

> have a smartphone
> 스마트폰을 가지다

Mom _____ .
엄마는 내가 늦게까지 깨어있는 것을 허락하지 않을 것이다.

> stay up late
> 늦게까지 깨어있다

감기나 독감에 걸렸을 때를 떠올리며 다음 세 가지 질문에 답을 써 보세요.

1 When was the last time you had a cold? 마지막으로 감기에 걸렸던 때는 언제인가요?

예시 yesterday 어제   last week 지난주   last month 지난달   two months ago 두 달 전에

I had a cold ⌐ ¬ .

2 What symptoms did you have? 어떤 증상이 있었나요?

예시 runny nose 콧물   headache 두통   sore throat 목 아픔   fever 열

I had a ⌐ ¬ .

3 Did you miss class or go to school? 수업에 빠졌나요 아니면 학교에 갔나요?

예시 missed the class 수업에 빠졌다   went to school 학교에 갔다

I ⌐ ¬ .

위에서 쓴 세 문장을 연결해서 나만의 일기를 써 보세요.

My First Summer Camp 나의 첫 여름 캠프

친구들과 함께 수련회나 캠프에 가는 것은 정말로 기대되고 설레는 일이에요. 그런데 환경이 바뀌면 화장실에 잘 가지 못하는 사람들이 있기도 하죠. '화장실에 가다'는 영어로 go to the bathroom이라고 표현해요.

Friday, June 29

Summer vacation is coming soon.

Yay! I'm going to a summer camp next week.

It's my first sleepover camp.

It will be super fun.

I'm worried about going to the bathroom.

But I can't wait to do many fun things!

6월 29일, 금요일

곧 여름 방학이 다가온다. 야호! 나는 다음 주에 여름 캠프에 갈 거다. 처음으로 자고 오는 캠프이다. 정말 재미있을 거다. 나는 화장실에 가는 게 조금 걱정된다. 하지만 빨리 재미있는 것을 많이 하고 싶다!

앤디의 **패턴** 확인하기

위 일기에서 아래 패턴 표현들을 찾아 ☐ 표시하세요.

~ is coming soon ~이 곧 다가온다 **I'm worried about** 나는 ~이 걱정된다

A 단어를 듣고 따라 읽으며 써 보세요.

summer 여름

go 가다

camp 캠프

first 첫 번째의

worried 걱정하는

bathroom 화장실

B 각 그림에 맞는 단어를 찾아 연결하세요.

camp

first

summer

bathroom

go

worried

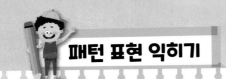

1

Summer vacation **is coming soon.**

여름 방학이 곧 다가온다.

어떤 특별한 날이 곧 다가온다고 말할 때는 〈특별한 날 + is coming soon〉으로 나타내요. 비슷한 표현으로 "특별한 날 + is just around the corner"라고도 이야기할 수 있어요. 코너(모퉁이)를 돌면 금방 있듯이 '그날이 이제 코 앞이다'라는 말이에요.

_____ Christmas _____ **is coming soon.**

크리스마스가 곧 다가온다.

Christmas
크리스마스

_____ **soon.**

내 생일이 곧 다가온다.

My birthday
내 생일

_____•

어린이날이 곧 다가온다.

Children's Day
어린이날

2

I'm worried about going to the bathroom.

나는 화장실에 가는 것이 걱정된다.

worried는 '걱정하는, 걱정스러워하는'이라는 뜻의 형용사예요. '나는 ~이 걱정된다'는 〈I'm worried about + 걱정거리〉로 표현해요. 전치사 about 뒤에 오는 걱정거리는 항상 명사나 동사ing로 써요.

I'm worried about _____ taking an exam _____.

나는 시험을 보는 것이 걱정된다.

take an exam
시험을 보다

I'm worried _____•

나는 실수를 하는 것이 걱정된다.

make mistakes
실수를 하다

_____•

나는 치과에 가는 것이 걱정된다.

go to the dentist
치과에 가다

세 문장 일기 쓰기

수련회나 캠프에 갔던 기억을 떠올리며 다음 세 가지 질문에 답을 써 보세요.

1 **Which camp did you go to?** 어떤 캠프에 갔었나요?

예시 a summer camp 여름 캠프   an English camp 영어 캠프   a ski camp 스키 캠프

I went to _____.

2 **What were you worried about?** 무엇에 대해 걱정했었나요?

예시 talking in English 영어로 대화하는 것   mosquitoes and insects 모기와 벌레들

I was worried about _____.

3 **What did you like the most about the camp?** 캠프에서 무엇이 가장 좋았나요?

예시 meeting new friends 새 친구 사귀기   cooking 요리하기   sleeping in the tent 텐트에서 자기

I enjoyed _____.

위에서 쓴 세 문장을 연결해서 나만의 일기를 써 보세요.

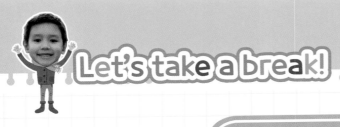
캐나다의 특별한 날들

다양한 문화권의 사람들이 모여 사는 캐나다는 특별한 기념일들이 많아요.
앤디는 이 중 부활절과 크리스마스를 제일 좋아한답니다.
각 계절마다 어떤 특별한 날들이 있는지 알아볼까요?

Spring

Easter
부활절

St. Patrick's Day
성 패트릭의 날

Summer

Canada Day
캐나다의 날

Terry Fox Day
테리 팍스의 날

Fall

Halloween
핼러윈

Thanksgiving
추수 감사절

Winter

Christmas
크리스마스

New Year's
Day
새해 첫날

Word Scramble

다음 뒤섞인 글자를 바르게 고쳐 단어를 쓰세요.

Eratse

pgrnis

FreyTrxo

mremsu

aeoHnlewl

lfla

irwent

trhismsCa

→ 정답은 157쪽에

정답

Day 01

 패턴 확인하기

We must protect our planet.

The earth gives us clean air.

The earth gives us a playground.

 단어 익히기

h	r	e	c	y	c	l	e
e	c	g	s	b	w	z	i
a	m	a	p	g	i	v	e
r	y	i	n	v	r	u	p
t	p	r	o	t	e	c	t
h	n	r	q	m	u	s	t

 패턴 표현 익히기

❶ We must wash our hands.
We must wear a helmet.
We must go to school.

❷ The earth gives us drinking water.
The earth gives us trees.
The earth gives us vegetables.

 세 문장 일기 쓰기

예시

The earth gives us trees.

The earth gives us air.

We can plant trees to protect the earth.

지구는 우리에게 나무를 준다.
지구는 우리에게 공기를 준다.
우리는 지구를 보호하기 위해 나무를 심을 수 있다.

Day 02

 패턴 확인하기

It was my turn to show and share.

I decided to talk about Korean culture.

 단어 익히기

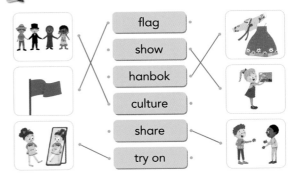

flag
show
hanbok
culture
share
try on

 패턴 표현 익히기

❶ It is my turn to ride a bike.
It is my turn to sing.
It is my turn to go home.

❷ I decided to eat snacks.
I decided to go to bed.
I decided to read a book.

 세 문장 일기 쓰기

예시

I decided to talk about my family.

I showed my classmates our family picture.

It was awesome!

나는 우리 가족에 대해 이야기하기로 결심했다.
나는 반 친구들에게 가족 사진을 보여주었다.
정말 굉장했다!

142

Day 03

 패턴 확인하기

There is a multi-cultural festival in the city.

Their traditional dance was really cool.

 단어 익히기

s	p	d	f	e	s	t	i	v	a	l
e	v	x	o	z	q	g	y	r	e	n
e	j	u	o	s	b	d	a	n	c	e
t	r	a	d	i	t	i	o	n	a	l
f	d	m	t	c	k	e	r	w	b	o
d	e	l	i	c	i	o	u	s	r	u

 패턴 표현 익히기

❶ There is a cafeteria in our school.
There is a park in our town.
There is a palace in Seoul.

❷ His new backpack was really cool.
Her new hairpin was really cool.
Busan was really cool.

 세 문장 일기 쓰기

(예시)

I went to see a firework festival.

It was cool.

The food was delicious.

나는 불꽃 축제를 보러 갔다.
정말 멋졌다.
음식도 정말 맛있었다.

Day 04

 패턴 확인하기

We often go to see a game.

The arena was crowded with many people.

 단어 익히기

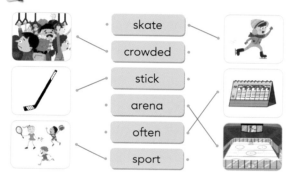

skate
crowded
stick
arena
often
sport

 패턴 표현 익히기

❶ We often bake cookies together.
We often go swimming together.
We often look at the clock.

❷ The stadium was crowded with baseball fans.
The playground was crowded with students.
The street was crowded with many tourists.

 세 문장 일기 쓰기

(예시)

My favorite sport is baseball.

Baseball is a fun sport in Korea.

I sometimes go to see a game.

내가 가장 좋아하는 스포츠는 야구다.
야구는 한국에서 매우 재미있는 스포츠이다.
나는 가끔 경기를 보러 간다.

정답

 패턴 확인하기

We found |leaves, twigs, and pine cones|.

|There were| many mosquitoes, too.

 단어 익히기

w	s	t	w	i	g	m	f
n	a	p	b	t	v	b	o
b	d	l	a	c	t	i	r
k	z	x	k	h	y	t	e
g	j	u	h	y	b	e	s
n	a	t	u	r	e	b	t

 패턴 표현 익히기

❶ We found books, pens, and an eraser.
We found a dog, a cat, and a mouse.
We found a hairpin, a necklace, and some toys.

❷ There were many books.
There were many pens.
There were many flowers.

 세 문장 일기 쓰기

예시

I went for a walk in the park.

I went with my grandparents.

I found flowers, pine cones, and squirrels.

나는 공원으로 산책을 갔다.
나는 할머니, 할아버지와 함께 갔다.
꽃들, 솔방울들, 그리고 다람쥐들을 발견했다.

 패턴 확인하기

|I enjoy| fishing.

Sometimes |waiting is hard|.

 단어 익히기

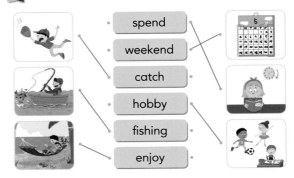

spend
weekend
catch
hobby
fishing
enjoy

 패턴 표현 익히기

❶ I enjoy playing online games.
I enjoy studying English.
I enjoy listening to music.

❷ Waking up early is hard.
Walking to school is hard.
Doing chores is hard.

 세 문장 일기 쓰기

예시

I play sports in my free time.

I enjoy swimming.

I go hiking with my parents.

나는 여가 시간에 스포츠를 한다.
나는 수영하는 것을 즐긴다.
부모님과는 등산을 간다.

Day 07

패턴 확인하기

First, you need snow.

Put the smaller ball on top of the bigger ball.

단어 익히기

l	s	n	o	w	m	a	n
r	d	z	d	r	n	q	u
o	e	r	n	e	e	d	f
l	s	y	w	t	t	b	t
l	y	b	e	r	m	i	o
b	p	u	t	x	y	a	p

패턴 표현 익히기

1. First, you need flour.
   First, you need a piece of paper.
   First, you need bread.

2. Put the cherry on top of the cake.
   Put the frame on top of the shelf.
   Put the box on top of the table.

세 문장 일기 쓰기

예시

First, you need sand.
Next, add lots of water.
Finally, shape the castle.
첫째로 모래가 필요하다.
다음으로 물을 듬뿍 넣는다.
마지막으로 성 모양을 만든다.

Day 08

패턴 확인하기

We are going to observe it every day.

We named him Jimmy.

단어 익히기

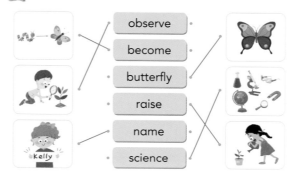

observe
become
butterfly
raise
name
science

패턴 표현 익히기

1. We are going to clean the house.
   I am going to keep a diary.
   We are going to make a card.

2. We named the dog Rocky.
   We named the doll Jess.
   We named the park Sunrise Park.

세 문장 일기 쓰기

예시

I observed an onion.
I put it in a plastic cup.
I named it Mandoo.
나는 양파를 관찰했다.
나는 양파를 플라스틱 컵 안에 넣었다.
나는 그것을 만두라고 이름 지었다.

정답

 패턴 확인하기

They $\boxed{\text{were born in}}$ our backyard!

Then $\boxed{\text{I saw}}$ crows flying over our house to eat them.

 단어 익히기

b	a	c	k	y	a	r	d
u	b	u	b	o	r	n	c
n	p	n	o	t	i	c	e
n	e	x	j	h	v	n	z
y	w	q	a	s	f	l	y
m	c	r	o	w	g	j	q

 패턴 표현 익히기

❶ We were born in <u>Canada</u>.
My sisters were born <u>in the hospital</u>.
The puppies <u>were born in our house</u>.

❷ I saw Yuna <u>walking home</u>.
I saw <u>Mike playing the piano</u>.
<u>I saw them running</u>.

  세 문장 일기 쓰기

(예시)

I saw kittens.
They were born in the garden.
I named them Bart, Lisa, and Maggie.
나는 새끼 고양이들을 보았다.
그들은 마당에서 태어났다.
나는 그들을 바트, 리사, 매기라고 이름 지었다.

 패턴 확인하기

$\boxed{\text{I want to}}$ be a nurse when I grow up.

But $\boxed{\text{I'm afraid of}}$ shots.

 단어 익히기

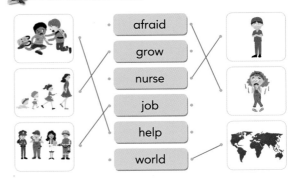

afraid
grow
nurse
job
help
world

 패턴 표현 익히기

❶ I want to be tall.
I <u>want to drink water</u>.
I want to be a firefighter.

❷ I'm afraid of <u>cats</u>.
I'm afraid of <u>the dark</u>.
I'm afraid of <u>insects</u>.

  세 문장 일기 쓰기

(예시)

I like to sing and dance.
I am good at rapping.
I want to be a singer.
나는 노래하고 춤추는 것을 좋아한다.
나는 랩을 잘한다.
나는 가수가 되고 싶다.

146

Day 11

 패턴 확인하기

He looked sad at first.

We also helped him move around.

 단어 익히기

l	n	u	b	r	e	a	k	m
d	e	r	t	n	f	y	g	w
v	h	g	j	c	a	s	t	r
a	s	y	b	e	h	q	m	i
p	n	s	a	d	n	i	s	t
c	l	a	s	s	m	a	t	e

 패턴 표현 익히기

❶ He looked handsome.
He looked happy.
He looked tired.

❷ We helped him do his homework.
We helped Dad clean the house.
We helped her cross the street.

  세 문장 일기 쓰기

(예시)

My friend Jason was injured.

He broke his arm.

He wore a cast.

내 친구 제이슨이 부상당했다.
그는 팔이 부러졌다.
그는 깁스를 했다.

Day 12

 패턴 확인하기

We had pizza for dinner.

We told scary stories to each other.

 단어 익히기

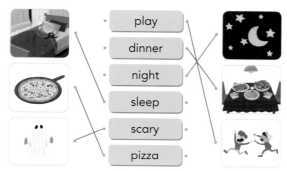

- play
- dinner
- night
- sleep
- scary
- pizza

 패턴 표현 익히기

❶ We had rice and soup for dinner.
We had bulgogi for dinner.
We had pasta for lunch.

❷ We told funny stories to each other.
We told sad stories to each other.
We told interesting stories to Mom.

  세 문장 일기 쓰기

(예시)

I had a sleepover with Terry.

We played board games.

We had tteokbokki for dinner.

나는 테리와 함께 잤다.
우리는 보드게임을 했다.
우리는 저녁으로 떡볶이를 먹었다.

정답

 Day 13

패턴 확인하기

We went to the beach by car.

It was the best day of my life.

 단어 익히기

d	y	i	c	x	r	u	n
h	z	b	e	a	c	h	v
q	o	v	r	s	e	i	b
n	u	t	l	m	u	f	e
s	t	a	r	t	j	h	s
g	p	r	a	i	n	k	t

 패턴 표현 익히기

❶ We went to the beach by train.
We went to school by bus.
We went to Jeju Island by airplane.

❷ It was the happiest day of my life.
It was the saddest day of my life.
It was the worst day of my life.

  세 문장 일기 쓰기

예시

I went to the beach with my family.

We went to the beach by train.

It was the funniest day of my life.

나는 가족들과 바다에 갔다.
우리는 기차를 타고 바다에 갔다.
내 인생에서 가장 재미있는 날이었다.

 Day 14

패턴 확인하기

My family is on my mind.

I love my dog because she greets me.

 단어 익히기

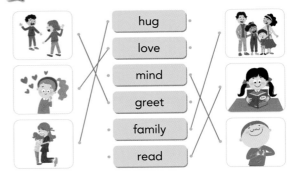

hug
love
mind
greet
family
read

 패턴 표현 익히기

❶ My best friend Adam is on my mind.
A happy memory is on my mind.
A sad thought is on my mind.

❷ I love my dog because she makes me smile.
I love my dog because she is so cute.
I love my dog because she protects me.

  세 문장 일기 쓰기

예시

My family is on my mind.

I love my dad because he makes me laugh.

I love my mom because she gives me hugs.

우리 가족은 내 마음속에 있다.
아빠는 나를 웃게 만드시니까 아빠를 사랑한다.
엄마는 나를 안아 주시니까 엄마를 사랑한다.

 패턴 확인하기

It was Picture Day at school.

It's hard to smile in front of everyone.

 단어 익히기

c	a	m	e	r	a	u	g
s	m	i	l	e	g	d	y
a	h	b	w	m	l	u	m
c	l	o	t	h	e	s	z
t	p	i	c	t	u	r	e
n	o	s	c	h	o	o	l

패턴 표현 익히기

❶ It was Election Day.
It was Assembly Day.
It was Graduation Day.

❷ It's hard to sing.
It's hard to speak up.
It's hard to show and tell.

 세 문장 일기 쓰기

예시

It was a drawing contest at school.
I drew my family.
It was difficult.
학교에서 그림 그리기 대회 날이었다.
나는 우리 가족을 그렸다.
가족을 그리는 것은 어려웠다.

 패턴 확인하기

My favorite cartoon is Pokémon.

And I think Dad is right.

 단어 익히기

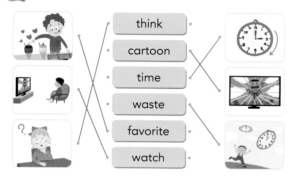

think
cartoon
time
waste
favorite
watch

패턴 표현 익히기

❶ My favorite fruit is strawberry.
My favorite sport is soccer.
My favorite breakfast is cereal.

❷ I think playing a team sport is good.
I think English is fun.
I think cats are perfect pets.

 세 문장 일기 쓰기

예시

I love to watch TV shows.
My favorite TV show is *Running Man*.
I think it's so much fun.
나는 TV 프로그램 보는 것을 좋아한다.
내가 제일 좋아하는 TV 프로그램은 '런닝맨'이다.
나는 런닝맨이 너무 재미있다고 생각한다.

정답

Day 17

I'm a big fan of soccer.

I'm looking forward to the next game.

 단어 익히기

f	m	b	u	k	i	c	k
a	i	w	p	s	b	m	e
n	s	s	o	c	c	e	r
u	s	i	d	f	t	u	n
p	r	a	c	t	i	c	e
j	e	p	a	s	s	g	h

 패턴 표현 익히기

❶ I'm a big fan of classical music.
I'm a big fan of baseball.
I'm a big fan of K-pop.

❷ I'm looking forward to the field trip.
I'm looking forward to the summer vacation.
I'm looking forward to the Olympics.

 세 문장 일기 쓰기

예시

I'm a big fan of mystery novels.

I joined the book club.

I'm looking forward to reading new books.

나는 추리 소설의 열렬한 팬이다.
나는 독서 클럽에 가입했다.
나는 새로운 책을 읽는 것을 기대하고 있다.

Day 18

The nightstand is next to the bed.

The desk is between the bed and the wardrobe.

 단어 익히기

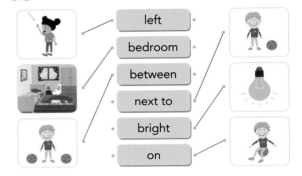

left
bedroom
between
next to
bright
on

 패턴 표현 익히기

❶ The school is next to the library.
Sean is next to Asher.
My lunch bag is next to the sofa.

❷ The bed is between the dresser and the door.
The TV is between the lamp and the vase.
Sam is between Jay and Mark.

 세 문장 일기 쓰기

예시

The bed is on the left.

The desk is next to the window.

The wardrobe is between the bed and the desk.

침대는 왼쪽에 있다.
책상은 창문 옆에 있다.
옷장은 침대와 책상 사이에 있다.

Day 19

We talked about our New Year's resolutions.

I'm not going to yell at my brother.

 단어 익히기

a	b	m	n	e	w	y	e	a	r
s	c	y	e	l	l	s	b	j	u
k	z	i	y	p	a	r	t	y	l
u	c	b	m	e	v	q	h	x	b
r	e	s	o	l	u	t	i	o	n
u	t	n	e	x	t	d	f	n	o

 패턴 표현 익히기

❶ We talked about the new teacher.
We talked about the exam.
We talked about the winter vacation.

❷ I'm not going to stay up late.
I'm not going to play computer games.
I'm not going to tell a lie.

 세 문장 일기 쓰기

예시

We had a party on New Year's Eve.
I'm going to read more books next year.
I'm not going to be picky about food.

우리는 새해 전날에 파티를 했다.
나는 내년에 책을 더 많이 읽을 것이다.
나는 편식을 하지 않을 것이다.

Day 20

A new library is opening very soon.

It takes 15 minutes to walk there.

 단어 익히기

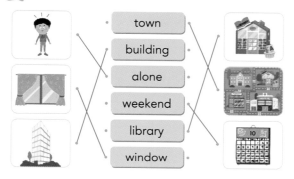

town
building
alone
weekend
library
window

 패턴 표현 익히기

❶ My aunt is getting married next week.
I am leaving for Canada soon.
A new school is opening next month.

❷ It takes 30 minutes to finish lunch.
It takes 1 hour to cook dinner.
It takes 15 minutes to go home.

 세 문장 일기 쓰기

예시

A bookstore is opening soon.
It's in front of the supermarket.
It takes 10 minutes to walk there.

서점이 곧 문을 열 것이다.
그것은 슈퍼마켓 앞에 있다.
거기까지 걸어가는 데 10분이 걸린다.

151

Day 21

 패턴 확인하기

He is the one who had cancer.

He is the one who never quit.

Because of that, he had a robot leg.

 단어 익히기

c	y	f	i	n	i	s	h
r	e	m	e	m	b	e	r
o	w	j	t	h	o	n	p
b	c	l	e	a	r	n	f
o	z	v	t	o	d	a	y
t	r	a	c	r	o	s	s

 패턴 표현 익히기

❶ He is the one who won the first prize.
He is the one who took the photo.
He is the one who made fun of Lisa.

❷ Because of the traffic jam, I was late.
Because of the rain, my shoes were wet.
Because of the holiday, we were excited.

 세 문장 일기 쓰기

〔예시〕

Mother Teresa is like Terry Fox.
She helped the poor.
We can help others to remember her.
마더 테레사도 테리 팍스 같은 사람이다.
그녀는 가난한 사람들을 도왔다.
우리는 그녀를 기억하며 다른 사람들을 도울 수 있다.

Day 22

 패턴 확인하기

Actually, Dad already told us not to do that.

We promised to listen.

 단어 익히기

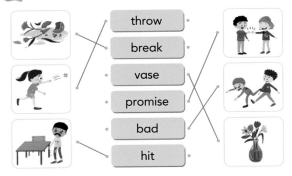

throw
break
vase
promise
bad
hit

 패턴 표현 익히기

❶ Dad told us not to fight.
Mom told us not to waste water.
Dad told us not to watch TV too much.

❷ We promised to write an email.
We promised to help each other.
We promised to be polite.

 세 문장 일기 쓰기

〔예시〕

My parents told me to be quiet at meals.
My parents told me not to jump in the house.
I promised to behave well.
부모님이 나에게 식사 시간에 조용히 하라고 하셨다.
부모님이 나에게 집에서 뛰지 말라고 하셨다.
나는 예의 바르게 행동하기로 약속했다.

Day 23

 패턴 확인하기

$\boxed{\text{I don't understand why}}$ they can't do that.

$\boxed{\text{I will be}}$ a cool parent.

 단어 익히기

n	i	e	m	a	l	w	a	y	s
u	n	d	e	r	s	t	a	n	d
d	p	i	t	g	k	x	p	z	m
y	r	p	a	r	e	n	t	i	s
c	e	b	x	w	q	r	u	o	a
o	n	s	y	b	n	o	v	s	y

 패턴 표현 익히기

❶ I don't understand why <u>Annie likes Ben</u>.
I don't understand <u>why it is still cold</u>.
I don't understand <u>why he is angry</u>.

❷ I will be <u>an astronaut</u>.
I will be <u>a teacher</u>.
I will be <u>a good friend</u>.

 세 문장 일기 쓰기

(예시)

My parents usually say yes to me.

I think my parents are cool.

I will be a kind parent.

부모님은 주로 나에게 '그래'라고 말씀하신다.
나는 우리 부모님이 멋지다고 생각한다.
나는 친절한 부모가 될 것이다.

Day 24

 패턴 확인하기

$\boxed{\text{We got him}}$ a cake and new earphones.

$\boxed{\text{When}}$ Dad came home, we turned on the light .

 단어 익히기

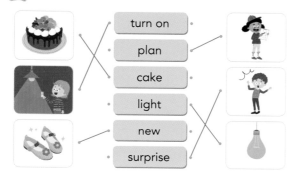

turn on
plan
cake
light
new
surprise

 패턴 표현 익히기

❶ We got him <u>a new cell phone</u>.
We got him <u>a new backpack</u>.
We got him <u>some art supplies</u>.

❷ When <u>it was 7 o'clock</u>, we turned on the light.
<u>When Ann came in</u>, we turned on the light.
<u>When he arrived</u>, we turned on the light.

 세 문장 일기 쓰기

(예시)

I planned a birthday party for Mom.

I got her a necklace.

It was successful.

나는 엄마를 위해 생일 파티를 계획했다.
나는 엄마에게 목걸이를 사주었다.
성공적이었다.

정답

 패턴 확인하기

So │I dressed up as│ a skeleton.

Superhero costumes │are for little kids│.

 단어 익히기

b	e	d	r	e	s	s	t	p
c	o	s	t	u	m	e	y	a
r	j	t	e	v	c	u	o	r
h	c	o	t	b	v	p	l	a
n	e	x	c	i	t	e	d	d
s	k	e	l	e	t	o	n	e

 패턴 표현 익히기

❶ I dressed up as Spider-Man.
I dressed up as a witch.
I dressed up as a zombie.

❷ Blocks are for little kids.
Tricycles are for little kids.
Knee pads are for little kids.

  세 문장 일기 쓰기

(예시)

I dressed up as a Ninja.
My friend dressed up as a vampire.
I think I'm perfect for Halloween.
나는 닌자로 분장했다.
내 친구는 뱀파이어로 분장했다.
나는 핼러윈을 즐기기에 딱 좋은 것 같다.

 패턴 확인하기

Yesterday │I asked Mom to│ get me a smartphone.

She thinks │I'm too young to│ have it.

 단어 익히기

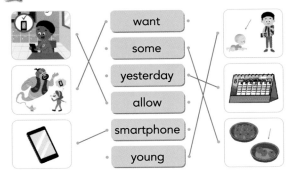

want
some
yesterday
allow
smartphone
young

 패턴 표현 익히기

❶ I asked Mom to help me.
I asked Mom to leave the room.
I asked Mom to call the teacher.

❷ I'm too young to go swimming by myself.
I'm too young to ride a bike.
I'm too young to drink coffee.

  세 문장 일기 쓰기

(예시)

I have a smartphone.
Yena and Junsu have a smartphone.
I usually play games with my smartphone.
나는 스마트폰이 있다.
예나와 준수도 스마트폰이 있다.
나는 스마트폰으로 주로 게임을 한다.

154

Day 27

패턴 확인하기

Playing soccer is what I enjoy best.

I'm proud of myself for doing all these things.

단어 익히기

f	l	i	s	t	e	n	v	p
k	x	m	a	b	p	y	c	r
g	o	t	o	b	e	d	l	o
z	b	w	c	y	u	c	e	u
s	t	r	e	t	c	h	a	d
w	a	k	e	u	p	r	n	q

패턴 표현 익히기

❶ Playing soccer is what I want to do well.
Playing soccer is what I like.
Playing soccer is what I do every day.

❷ I'm proud of myself for winning the prize.
I'm proud of myself for helping my mom.
I'm proud of myself for running fast.

세 문장 읽기 쓰기

(예시)

Brushing teeth is what I do after I wake up.
Playing basketball is what I do every day.
Reading books is what I do before I go to bed.

이를 닦는 것은 내가 깨어난 후 하는 것이다.
농구는 내가 매일 하는 것이다.
책 읽기는 내가 자기 전에 하는 것이다.

Day 28

패턴 확인하기

Have you ever been to Canada?

Canada is famous for polar bears, maple syrup, and hockey.

단어 익히기

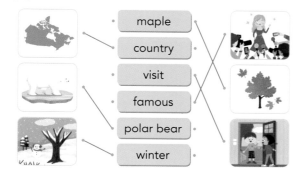

maple
country
visit
famous
polar bear
winter

패턴 표현 익히기

❶ Have you ever been to Korea?
Have you ever been to Mexico?
Have you ever been to Germany?

❷ Gyeongju is famous for Bulguksa.
London is famous for London Bridge.
Korea is famous for kimchi.

세 문장 읽기 쓰기

(예시)

Have you ever been to Seoul?
Korea is famous for K-pop.
You can see K-pop stars in Korea.

서울에 가 본 적 있니?
한국은 한국 가요(K-pop)로 유명해.
한국에서 케이팝 스타들을 볼 수 있어.

정답

 패턴 확인하기

I hope I don't have to go to school tomorrow.

But maybe Mom won't let me do that.

 단어 익히기

t	v	c	o	l	d	h	f
h	m	d	e	f	b	m	e
r	k	n	o	s	e	w	e
o	p	u	b	z	q	b	l
a	g	c	h	o	p	e	z
t	i	r	e	d	t	w	a

 패턴 표현 익히기

❶ I don't have to do my homework.
I don't have to clean the room.
I don't have to win every race.

❷ Mom won't let me have a pajama party.
Mom won't let me have a smartphone.
Mom won't let me stay up late.

  세 문장 일기 쓰기

예시

I had a cold last week.

I had a runny nose and fever.

I missed the class.

나는 지난주에 감기에 걸렸다.
콧물이 흐르고 열이 났다.
나는 수업에 빠졌다.

 패턴 확인하기

Summer vacation is coming soon.

I'm worried about going to the bathroom.

 단어 익히기

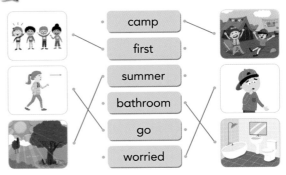

camp
first
summer
bathroom
go
worried

 패턴 표현 익히기

❶ Christmas is coming soon.
My birthday is coming soon.
Children's Day is coming soon.

❷ I'm worried about taking an exam.
I'm worried about making mistakes.
I'm worried about going to the dentist.

  세 문장 일기 쓰기

예시

I went to an English camp.

I was worried about talking in English.

I enjoyed meeting new friends.

나는 영어 캠프에 갔었다.
나는 영어로 대화하는 것이 걱정됐었다.
새 친구들을 만나서 좋았다.

p.57

Follow the Arrows

화살표를 따라서 단어를 완성해 보세요.

① T A E G U E K G I
② H A N B O K
③ B E A U T I F U L

→ 정답은 15구쪽에

57

p.99

스포츠 스도쿠

가로와 세로, 그리고 같은 색으로 이루어진 칸에 아래의 공들이 반복되지 않고
한 번씩만 나오도록 그려보세요.

→ 정답은 15구쪽에

99

p.141

Word Scramble

다음 뒤섞인 글자를 바르게 고쳐 단어를 쓰세요.

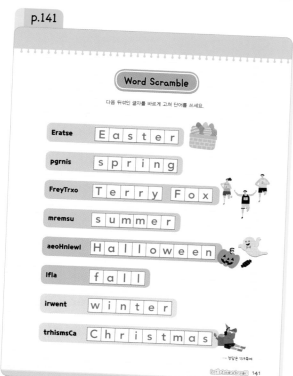

Eratse	E a s t e r
pgrnis	s p r i n g
FreyTrxo	T e r r y F o x
mremsu	s u m m e r
aeoHnlewl	H a l l o w e e n
ifla	f a l l
irwent	w i n t e r
trhismsCa	C h r i s t m a s

→ 정답은 15구쪽에

141

워드 리스트

Day 01

☐ turn	차례, 순서
☐ show	보여주다
☐ share	나누다
☐ decide	결심하다
☐ culture	문화
☐ national	국가적인
☐ flag	깃발
☐ paper	종이
☐ classmate	반 친구
☐ hanbok	한복
☐ let	~하게 하다
☐ try on	입어보다

Day 02

☐ today	오늘
☐ earth	지구
☐ must	~해야 한다
☐ protect	보호하다
☐ planet	행성, 별
☐ give	주다
☐ clean	깨끗한
☐ air	공기
☐ playground	놀이터
☐ recycle	재활용하다
☐ reuse	재사용하다
☐ take care of	~을 돌보다

Day 03

☐ multi-cultural	다문화의
☐ festival	축제
☐ see	보다
☐ Brazilian	브라질의
☐ section	구역, 섹션
☐ their	그들의
☐ traditional	전통의, 전통적인
☐ dance	춤
☐ Thai	태국의
☐ food	음식
☐ delicious	아주 맛있는
☐ but	하지만

Day 04

☐ sport	스포츠
☐ player	선수
☐ skate	스케이트 타다
☐ stick	스틱, 막대기
☐ puck	퍽(아이스하키에서 공처럼 치는 고무 원반)
☐ often	자주
☐ game	경기
☐ actually	사실
☐ last	지난
☐ weekend	주말
☐ arena	아레나, 경기장
☐ crowded	붐비는

Day 05

- [ ] nature — 자연
- [ ] walk — 산책: 걷다
- [ ] forest — 숲
- [ ] find — 찾다 (과거형: found)
- [ ] leaf — 나뭇잎 (복수형: leaves)
- [ ] pine cone — 솔방울
- [ ] mosquito — 모기
- [ ] bite — 물다: 물린 자국
- [ ] still — 여전히
- [ ] itchy — 가려운
- [ ] even — 심지어
- [ ] scratch — 긁다

Day 06

- [ ] will — ~할 것이다
- [ ] fishing — 낚시
- [ ] weekend — 주말
- [ ] enjoy — 즐기다
- [ ] cool — 멋진
- [ ] hobby — 취미
- [ ] wait — 기다리다
- [ ] hard — 힘든, 어려운
- [ ] exciting — 신나는
- [ ] catch — 잡다
- [ ] spend — (시간을) 보내다
- [ ] with — ~와 함께

Day 07

- [ ] first — 첫째(로)
- [ ] need — 필요하다
- [ ] roll — 구르다, 굴리다
- [ ] make — 만들다
- [ ] then — 그 다음에
- [ ] put — ~을 놓다
- [ ] top — 맨 위, 꼭대기
- [ ] eye — 눈 (복수형: eyes)
- [ ] nose — 코
- [ ] mouth — 입
- [ ] ta-da — 짜잔
- [ ] snowman — 눈사람

Day 08

- [ ] science — 과학
- [ ] class — 수업
- [ ] say — 말하다 (과거형: said)
- [ ] raise — 기르다
- [ ] caterpillar — 애벌레
- [ ] observe — 관찰하다
- [ ] cabbage — 양배추
- [ ] jar — 병, 단지
- [ ] name — 이름을 지어주다 (과거형: named)
- [ ] hope — 바라다, 원하다
- [ ] become — ~이 되다
- [ ] butterfly — 나비

워드 리스트

Day 09

☐ notice	알아채다 (과거형: noticed)
☐ something	어떤 것
☐ backyard	뒤뜰
☐ bunny	토끼
☐ burrow	굴; 굴을 파다
☐ born	태어나다
☐ see	보다 (과거형: saw)
☐ crow	까마귀
☐ fly	날다
☐ over	~ 위에, ~ 위로
☐ go away	떠나가다
☐ protect	보호하다

Day 10

☐ talk	이야기하다 (과거형: talked)
☐ about	~에 대하여
☐ job	직업
☐ social studies	사회 과목
☐ learn	배우다
☐ world	세계, 세상
☐ help	돕다
☐ nurse	간호사
☐ grow	자라다
☐ afraid	무서워하는
☐ shot	주사 (복수형: shots)
☐ have to	~해야 하다

Day 11

☐ classmate	반 친구
☐ break	부러지다 (과거형: broke)
☐ leg	다리
☐ yesterday	어제
☐ show up	나타나다, 등장하다
☐ cast	깁스
☐ crutch	목발 (복수형: crutches)
☐ sad	슬픈
☐ write	쓰다 (과거형: wrote)
☐ also	또한
☐ move around	돌아다니다
☐ feel	느끼다 (과거형: felt)

Day 12

☐ sleep	자다
☐ sleepover	함께 자며 놀기, 밤샘 파티
☐ pizza	피자
☐ dinner	저녁 식사
☐ play	놀다
☐ nerf gun	너프건, 장난감 총
☐ scary	무서운, 겁나는
☐ each other	서로
☐ night	밤
☐ because	~ 때문에
☐ scared	무서워하는, 겁먹은

Day 13

☐ hot		더운
☐ decide		결정하다
☐ beach		해변, 바닷가
☐ go		가다 (과거형: went)
☐ get		~에 도착하다 (과거형: got)
☐ start		시작하다 (과거형: started)
☐ rain		비가 오다
☐ mind		신경 쓰다
☐ run		달리다
☐ run around		뛰어다니다
☐ best		최고의
☐ of		~의

Day 14

☐ family		가족
☐ my		나의
☐ mind		마음
☐ love		사랑하다
☐ because		왜냐하면, ~니까
☐ hug		포옹 (복수형: hugs)
☐ help		도와주다
☐ read		(책을) 읽다
☐ brother		형, 오빠, 남동생
☐ play		놀다
☐ dog		개, 강아지
☐ greet		맞다, 환영하다

Day 15

☐ picture		사진
☐ school		학교
☐ wear		입다 (과거형: wore)
☐ fancy		멋진
☐ clothes		옷
☐ gym		체육관
☐ photographer		사진사
☐ camera		카메라
☐ smile		웃다, 미소 짓다
☐ in front of		~ 앞에(서)
☐ other		(그 외에) 다른
☐ pose		포즈를 취하다

Day 16

☐ love		아주 좋아하다
☐ watch		보다
☐ cartoon		만화, 만화 영화
☐ favorite		가장 좋아하는
☐ super		아주, 대단히
☐ cute		귀여운
☐ fun		재미있는
☐ think		생각하다
☐ waste		낭비, 허비
☐ time		시간
☐ okay		괜찮은 (축약형: OK)
☐ right		옳은, 맞는

워드 리스트

Day 17

- [ ] fan — 팬
- [ ] soccer — 축구
- [ ] join — 가입하다 (과거형: joined)
- [ ] practice — 연습하다 (과거형: practiced)
- [ ] pass — 패스하다
- [ ] miss — 놓치다 (과거형: missed)
- [ ] a few — 몇 번의, 몇 개의
- [ ] kick — (발로) 차다
- [ ] better — 더 나은, 더 좋은
- [ ] than — ~보다
- [ ] last — 지난
- [ ] look forward to — ~을 기대하다

Day 18

- [ ] bedroom — 침실, 방
- [ ] bright — 밝은
- [ ] morning — 아침
- [ ] bed — 침대
- [ ] left — 왼쪽의
- [ ] nightstand — 사이드 테이블
- [ ] next to — ~ 옆에
- [ ] lamp — 스탠드
- [ ] on — ~ 위에
- [ ] desk — 책상
- [ ] between — ~ 사이에
- [ ] wardrobe — 옷장

Day 19

- [ ] new year — 새해
- [ ] party — 파티
- [ ] about — ~에 대해
- [ ] resolution — 결심, 다짐 (복수형: resolutions)
- [ ] ask — 묻다, 물어 보다 (과거형: asked)
- [ ] want — 원하다
- [ ] next — 다음의
- [ ] be going to — ~할 것이다
- [ ] read — (책을) 읽다
- [ ] more — 더 많은, 더 많이
- [ ] yell — 소리 지르다
- [ ] at — ~에게

Day 20

- [ ] library — 도서관
- [ ] open — 열다
- [ ] soon — 곧, 조만간
- [ ] building — 건물
- [ ] window — 창문
- [ ] town — 소도시, 동네
- [ ] swimming pool — 수영장
- [ ] minute — (시간) 분
- [ ] walk — 걷다
- [ ] alone — 혼자
- [ ] weekend — 주말

Day 21

- [ ] learn — 배우다
- [ ] today — 오늘
- [ ] cancer — 암
- [ ] robot — 로봇
- [ ] never — 절대 ~ 않다
- [ ] quit — 그만 두다
- [ ] run — 달리다 (과거형: ran)
- [ ] across — 건너서, 가로질러
- [ ] although — ~이긴 하지만
- [ ] finish — 끝내다
- [ ] remember — 기억하다

Day 22

- [ ] play catch — 공놀이 하다
- [ ] already — 이미
- [ ] tell — 말하다 (과거형: told)
- [ ] throw — 던지다 (과거형: threw)
- [ ] hit — ~과 부딪히다 (과거형: hit)
- [ ] vase — 꽃병
- [ ] break — 깨지다 (과거형: broke)
- [ ] disappointed — 실망한
- [ ] explain — 설명하다 (과거형: explained)
- [ ] bad — 안 좋은, 나쁜
- [ ] behavior — 행동
- [ ] promise — 약속하다 (과거형: promised)

Day 23

- [ ] always — 항상
- [ ] say — 말하다
- [ ] no — 아니, 안 돼
- [ ] can — ~할 수 있다 (부정형: can't)
- [ ] become — ~이 되다
- [ ] yes — 응, 그래
- [ ] sure — 물론, 그럼, 그래
- [ ] understand — 이해하다
- [ ] why — 왜
- [ ] will — ~할 것이다
- [ ] cool — 멋진
- [ ] parent — 부모

Day 24

- [ ] birthday — 생일
- [ ] plan — 계획하다 (과거형: planned)
- [ ] surprise — 놀라움; 놀래키다
- [ ] party — 파티
- [ ] promise — 약속하다 (과거형: promised)
- [ ] get — 사다, 구하다 (과거형: got)
- [ ] cake — 케이크
- [ ] new — 새, 새로운
- [ ] earphones — 이어폰
- [ ] come — 오다 (과거형: came)
- [ ] turn on — (TV, 전기 등을) 켜다
- [ ] light — 불, 전등

워드 리스트

Day 25

☐ get	~하게 되다
☐ excited	신이 난, 들뜬
☐ anymore	이제는, 더 이상은
☐ parade	퍼레이드
☐ school	학교
☐ dress	옷을 입다
☐ skeleton	해골
☐ costume	의상 (복수형: costumes)
☐ little	어린, 작은
☐ think	생각하다
☐ too	너무
☐ old	나이가 많은

Day 26

☐ really	정말로, 진짜로
☐ want	원하다
☐ smartphone	스마트폰
☐ some	조금, 몇몇의
☐ already	이미
☐ yesterday	어제
☐ ask	부탁하다 (과거형: asked)
☐ allow	허락하다
☐ think	생각하다
☐ young	어린
☐ maybe	어쩌면, 아마도
☐ later	나중에

Day 27

☐ enjoy	즐기다
☐ clean	청소하다
☐ least	최소로, 가장 적게
☐ reading	책 읽기
☐ before	~ 전에
☐ go to bed	잠자리에 들다
☐ stretch	스트레칭하다
☐ after	~ 후에
☐ wake up	(잠에서) 깨다
☐ listen	듣다
☐ proud	자랑스러워하는
☐ myself	나 자신

Day 28

☐ country	국가, 나라
☐ famous	유명한
☐ polar bear	북극곰
☐ maple	단풍나무
☐ syrup	시럽
☐ winter	겨울
☐ long	긴
☐ cold	추운
☐ also	또한, 역시
☐ northern lights	오로라
☐ should	~해야 한다
☐ visit	방문하다, 찾아가다

Day 29

- [ ] **nose** 코
- [ ] **sore** 부은
- [ ] **throat** 목구멍, 목
- [ ] **catch a cold** 감기에 걸리다
- [ ] **cold** 감기
- [ ] **feel** 느끼다
- [ ] **tired** 피곤한
- [ ] **flu** 독감
- [ ] **hope** 바라다, 희망하다
- [ ] **have to** ~해야 하다
- [ ] **maybe** 어쩌면, 아마도
- [ ] **will not** ~하지 않을 것이다 (줄임말: won't)

Day 30

- [ ] **summer** 여름
- [ ] **vacation** 방학, 휴가
- [ ] **yay** 야호
- [ ] **go** 가다
- [ ] **camp** 캠프
- [ ] **first** 첫 번째의
- [ ] **sleepover** 함께 자며 놀기, 밤샘 파티
- [ ] **fun** 재미있는
- [ ] **worried** 걱정하는
- [ ] **bathroom** 화장실
- [ ] **wait** 기다리다
- [ ] **many** 많은

동사 변화표

☑	뜻	동사원형	과거	과거분사
☐	허락하다	allow	allowed	allowed
☐	물어보다	ask	asked	asked
☐	~이다, 있다	be	was/were	been
☐	~이 되다	become	became	become
☐	부서지다, 부수다	break	broke	broken
☐	잡다	catch	caught	caught
☐	오다	come	came	come
☐	결심하다, 결정하다	decide	decided	decided
☐	~을 하다	do	did	done
☐	그리다	draw	drew	drawn
☐	싸우다	fight	fought	fought
☐	먹다	eat	ate	eaten
☐	즐기다	enjoy	enjoyed	enjoyed
☐	설명하다	explain	explained	explained
☐	느끼다	feel	felt	felt
☐	찾다	find	found	found
☐	끝내다	finish	finished	finished
☐	날다	fly	flew	flown
☐	~에 도착하다, ~하게 하다	get	got	got/gotten
☐	주다	give	gave	given
☐	가다	go	went	gone

☑	뜻	동사원형	과거	과거분사
☐	맞이하다, 환영하다	greet	greeted	greeted
☐	기르다, 키우다	grow	grew	grown
☐	있다, 가지다	have	had	had
☐	도와주다	help	helped	helped
☐	치다, 때리다	hit	hit	hit
☐	바라다, 희망하다	hope	hoped	hoped
☐	가입하다, 참여하다	join	joined	joined
☐	(발로) 차다	kick	kicked	kicked
☐	배우다	learn	learned/learnt	learned/learnt
☐	~하게 하다	let	let	let
☐	좋아하다	like	liked	liked
☐	듣다	listen	listened	listened
☐	보다, ~처럼 보이다	look	looked	looked
☐	사랑하다	love	loved	loved
☐	만들다	make	made	made
☐	언짢아하다, 개의하다	mind	minded	minded
☐	놓치다	miss	missed	missed
☐	움직이다	move	moved	moved
☐	이름을 짓다	name	named	named
☐	필요로 하다	need	needed	needed
☐	알아차리다	notice	noticed	noticed

동사 변화표

☑	뜻	동사원형	과거	과거분사
☐	관찰하다	observe	observed	observed
☐	전달하다, 지나가다	pass	passed	passed
☐	계획하다	plan	planned	planned
☐	놀다	play	played	played
☐	연습하다	practice	practiced	practiced
☐	약속하다	promise	promised	promised
☐	보호하다	protect	protected	protected
☐	두다, 얹다	put	put	put
☐	그만두다	quit	quitted	quitted
☐	읽다	read	read	read
☐	재활용하다	recycle	recycled	recycled
☐	기억하다	remember	remembered	remembered
☐	재사용하다	reuse	reused	reused
☐	굴리다	roll	rolled	rolled
☐	달리다	run	ran	run
☐	구하다, 아끼다	save	saved	saved
☐	말하다	say	said	said
☐	긁다	scratch	scratched	scratched
☐	보다	see	saw	seen
☐	보여주다	show	showed	shown
☐	자다	sleep	slept	slept

✓	뜻	동사원형	과거	과거분사
☐	미소 짓다	smile	smiled	smiled
☐	(시간, 돈을) 쓰다	spend	spent	spent
☐	시작하다	start	started	started
☐	멈추다	stop	stopped	stopped
☐	늘이다, 기지개를 켜다	stretch	stretched	stretched
☐	가지다, 잡다, 받다	take	took	taken
☐	이야기하다	talk	talked	talked
☐	알리다, 말하다	tell	told	told
☐	생각하다	think	thought	thought
☐	던지다	throw	threw	thrown
☐	시도하다	try	tried	tried
☐	떠나다	leave	left	left
☐	이해하다	understand	understood	understood
☐	방문하다	visit	visited	visited
☐	기다리다	wait	waited	waited
☐	깨우다, 깨다	wake	woke	waken
☐	원하다	want	wanted	wanted
☐	보다, 지켜보다	watch	watched	watched
☐	입다	wear	wore	worn
☐	쓰다, 작성하다	write	wrote	written
☐	소리 지르다	yell	yelled	yelled

Memo

Memo

Memo